古典经济学道德观演化研究

从斯密、李嘉图到穆勒

王泽芝　著

中国财经出版传媒集团
经济科学出版社
Economic Science Press

图书在版编目（CIP）数据

古典经济学道德观演化研究：从斯密、李嘉图到穆勒/王泽芝著. --北京：经济科学出版社，2023.1

ISBN 978-7-5218-4497-9

Ⅰ.①古… Ⅱ.①王… Ⅲ.①古典经济学-经济伦理学-研究 Ⅳ.①F091.33②B82-053

中国国家版本馆 CIP 数据核字（2023）第 014279 号

责任编辑：李 雪 刘 莎
责任校对：李 建
责任印制：邱 天

古典经济学道德观演化研究
——从斯密、李嘉图到穆勒
王泽芝 著
经济科学出版社出版、发行 新华书店经销
社址：北京市海淀区阜成路甲 28 号 邮编：100142
总编部电话：010-88191217 发行部电话：010-88191522
网址：www.esp.com.cn
电子邮箱：esp@esp.com.cn
天猫网店：经济科学出版社旗舰店
网址：http://jjkxcbs.tmall.com
固安华明印业有限公司印装
710×1000 16 开 13.5 印张 180000 字
2023 年 1 月第 1 版 2023 年 1 月第 1 次印刷
ISBN 978-7-5218-4497-9 定价：59.00 元

前言 Preface

古典经济学道德观的演化与英国 17 ~ 19 世纪的社会转型和社会调节密不可分，也与思想家对经济学学科属性的定位紧密相连，这一时期的经济学显现出道德科学属性的独特特征，也涵盖其道德科学属性向科学属性转变的理论雏形。自 20 世纪以来，经济学科学属性和道德属性相分离，具有工具价值的科学属性占据主体地位，道德属性被搁置，古典经济学蕴含的丰富道德观也受到忽视。伴随新制度经济学的兴起，意识形态、道德规范作为非正式制度被纳入经济学的研究范围，而实验经济学通过模型论证人性中具有互助友爱、追求公平和善良怜悯的属性，这在某种意义上也是对古典经济学阐述的整全人性以及经济学具有道德属性的回应。更为重要的是，对于当前市场经济所面临的道德困境，追溯经济学的发展历程，从理论源头古典经济学中挖掘重要的思想资源探寻化解经济道德问题的有效途径具有重要的意义与价值。实际上，十七八世纪英国的情感主义和功利主义作为古典经济学形成的道德基础并影响着其理论的发展，其人性基础、自由与正义价值也发生相应转变，然而这一理论演化在思想史中并未受到应有的关注。本书以古典经济学为立足点，尝试梳理出从斯密、李嘉图到约翰·穆勒的经济学道德观演化脉络，强调古典经济学历经理想假定到现实本质分析的背后蕴含的解决经济道德问题的不同范式。正是从综合性的思想体系出发，斯密以“人性统一体—交换正义—自然自由体系”实现他对建构理想社会秩序的有效衔接，因此他提出的富国裕民的市场经济体系不仅具有经济价值，也蕴含丰富的道德价值；李嘉图立足于客观的资本主义现实，剖析资本主义的本质，成为从理想的自然和谐转变到现实利益冲突的经济理论路线的分水岭；约翰·穆勒以现实的阶级利益矛盾为出发点，探寻经济自由与经济正义之间的协调关系，回归到斯密关于政治、经济以及道德问题的整体性思考。只有立足于英国经济转型与社会变迁的历史背景，才能更好地认识古典经济学家做出的开创性贡献，准确把握古典经济学道德观演化的脉络。

综合来看，古典经济学道德观的演化源于17～19世纪英国的经济转型、政治变革与文化变迁，其道德观的变化正是对构建新型商业社会秩序的时代需求做出的理论回应。这一时期，道德观的形成主要受洛克的经验论、曼德维尔的经验主义功利论、从沙夫茨伯里到休谟的道德情感论与边沁的世俗功利主义的影响，这些为古典经济学道德观的形成奠定了理论基础。

古典经济学形成时期，斯密富国裕民的经济学体系内含丰富的道德意蕴。在人性基础上，通过分析特定历史阶段“经济人”具有的道德进步性以及基于自然情感的社会道德调节，斯密认为，具有丰富内涵的“经济人”与具有同情共感能力的“道德人”相契合；然而，斯密并不是理想化地分析市场经济体系中的人性结构，他对商业社会的道德困境以及人性的脆弱与不完美也有着深刻的认识。实际上，斯密强调交换正义与社会正义乃是市场经济有序运行的制度基础，经济活动以正义制度为前提保障；正是有此基础，自然自由制度才成为商业社会秩序的理想追求，而这种自然自由制度是市场自由运行机制与政府职能的结合，斯密还深切地意识到切实履行政府职能依赖于“立法者的智慧”，他构想通过“立法者的智慧”实现政治贤明，从而看到建立理想商业社会秩序的可能性。

集大成时期，李嘉图经济学体系科学化特征凸显。在人性基础上，李嘉图将“经济人”的谋利行为推向极致，“经济人”成为物化或数字化的商品形式；以效用最大化为经济行为的目标，也就必然要求实行完全自由的商业经济体制；市场决定工资法则被视为能够实现物质利益最大化的分配法则。在这里，李嘉图极力推崇“生产的利益”，其经济理论的认知水平达到所处历史阶段资本主义范围的最高限度，却也陷入“教条精神”的泥沼，以经济学内蕴的协调与管理的视角加以审视，其经济理论还显现出人本维度与正义价值的缺失。

古典经济学完成时期，约翰·穆勒的经济学体系采取综合性的理论视域探寻经济自由与经济正义兼容的合理范式。在人性基础上，约翰·穆勒的“经济人”成为仅仅具有方法论意义的抽象化概念，为消弭这一假定带来的理论与实践之间的断裂，他力图以共同规律的抽象概括与现实多元化人性的区分予以化解；为弥补以自然权利为基础的古典自由主义的困境与以快乐主义为基础的工具性自由的缺陷，约翰·穆勒致力于探寻自由的本质内涵及其限度，他将自由从经济领域扩展到社会领域，以能力与发展的个人性作为自由的终极目标；基于阶级矛盾白热化与财富分配两极分化加剧的社会现实，他强调以社会制度保障分配正义的实现。

综上所述，个人主义的道德价值取向贯穿于古典经济学的始终，成为其理论演化中的整体性特征，对“社会”概念的差异性认知则体现出道德观演化的理论进路；就现实价值而言，古典经济学所探寻的理想商业社会秩序的建构以及它具有的丰富道德意蕴对自由市场经济健康运行有着重要的意义与价值。

目录 Contents

导　论

经济学作为一门独立的学科始于亚当·斯密《国富论》的发表，在此之前它还是道德哲学的一个分支。随着边际效用革命和新古典经济学的出现，经济学研究的“纯粹化”“去伦理化”倾向日益突显，经济学道德中立、经济学道德无涉成为经济研究的基本价值取向，经济增长、财富增加成为考评经济行为正确与否的唯一指标；随之而来的，却是以牺牲环境为代价的经济增长、以追求财富为目标的不择手段、以物质富足为表象的精神贫乏充斥着人们的生活。面对现实的困境，人们不禁要追问：生活的目的与意义何在？追求纯粹“科学主义”进而完全摒弃道德判断的相关经济研究无力解释这些问题，正如诺贝尔经济学奖获得者阿玛蒂亚·森指出的，“随着现代经济学与伦理学之间隔阂的不断加深，现代经济学已经出现了严重的贫困化现象”①，而导致贫困化的重要原因之一就是对传统理论的误读乃至背离，“实际上，道德哲学家和先驱经济学家们并没有提供一种精神分裂式的生活，现代经济学把亚当·斯密关于人类行为的看法狭隘化了，从而铸就了当代经济理论上的一个主要缺陷，经济学的贫困化主要是由经济学与伦理学的分离而造成的。②”

①② 森．伦理学与经济学［M］．王宇，王文玉，译．北京：商务印书馆，2000：32.

追溯经济学的发展历程，其理论研究源于两大历史传统：一是与道德哲学、政治学相关联的伦理根源；二是与“工程学”方法相关联的逻辑根源。而这两大根源在古典经济学中都有所体现，如威廉·配第、大卫·李嘉图等更注重经济学研究中的逻辑方法，而亚当·斯密、约翰·斯图亚特·穆勒（也译作密尔，下文简称约翰·穆勒）更注重经济学研究中的伦理方法。从某种意义上讲，古典经济学与道德哲学的分化过程正好体现了这两大传统的演化轨迹。因此，从思想史角度考察古典经济学内蕴的道德观点以及古典经济学与道德哲学的内在关联具有极为重要的意义和价值。

本书选取斯密、李嘉图、约翰·穆勒三位思想家的思想作为典型代表考察古典经济学道德观的演化轨迹主要基于以下考虑：这三位思想家的思想是古典经济学兴衰的重要历史节点，他们的思想内在地构成了古典经济学与道德哲学之间的“正—反—合”演化的完整谱系，展现出古典经济学道德观演化的基本脉络，而古典经济学的其他代表人物如西斯蒙第、萨伊等的思想因为较为零散或与本题不相关，将不在本书涉猎范围之内。

一、选题的理论价值和现实意义

研究古典经济学道德观演化脉络，对于全面、动态地了解和把握古典经济学的兴衰与道德观演化的关系，深刻地认识道德对于经济发展的意义，拓展经济伦理学研究的视域，推进现代经济学向经济研究伦理相关的复归具有重大的理论价值；对于市场经济面临的道德体系的重建以及市场经济的健康、可持续发展具有现实的指导意义。

其一，有利于全面、动态地了解和把握古典经济学的兴衰与道德观演化的关系，深刻地认识道德对于经济发展的意义和价值。从道德观演化的角度阐释古典经济学萌芽、发展及衰败的历史过程，有助于多层次、多维度地把握古典经济学的演变轨迹。在传统研究中，古典经济学由盛转衰有两方面的原因：一是阶级矛盾的激化与阶级学说的调和，作为一种资产阶级的经济学说，古典经济学具有鲜明的阶级性即为资产阶级当权者服务，因此，作为其重要内容的劳动价值论始终无法从资本主义生产关系入手，解释劳动是创造价值的唯一源泉与资本家、地主共同占有劳动成果之间的矛盾，反而抹煞、掩盖阶级对立与资本剥削的事实。伴随资本主义生产由工场手工业向机器大工业的过渡，资产阶级与无产阶级之间的矛盾日益激化，为消弭阶级矛盾、维护资产阶级的统治地位，古典经济学走向阶级利益一致的折中调和论与庸俗化。二是经济学研究由规范性向实证性、科学性方向的转变以及边际革命的影响，古典经济学逐渐走向没落，这种没落具体表现为古典经济学无法解决资本主义上升发展时期的严重的社会经济问题，经济学家从古典学派关注的生产、供给、成本转向消费、需求、效用，并开始放弃劳动价值论转向采用效用价值论为自由市场经济辩护，边际效用学派取代古典学派占据主导地位。从根本意义上讲，古典经济学的衰败是其不能适应资本主义发展需求的历史必然，然而，道德价值被放逐、人的地位被忽视也是导致阶级矛盾激化、古典学派衰败的重要原因。古典经济学的发展演化，一方面印证了市场经济应遵循互利互惠的基本道德原则、形成自由竞争的市场秩序；另一方面，它从古典经济学兴衰的历程中也揭示出道德哲学与经济学的双向互动关系。因此，道德观不仅成为反思古典经济学兴衰的重要逻辑线索，而且这种衰败的历程背后所揭示的道德内在价值也指引着现代经济学的发展方向。

其二，有利于拓展经济伦理学的研究视域及问题域，为现代经济学向经济研究与伦理、政治相关的复归提供宝贵的思想资源。纵观经济思想发展史可以看出，古典经济学时期是经济学逐渐取得独立学科地位的时期，也是经济学与政治学、伦理学紧密相联的时期，从这个意义上讲，古典经济学道德观的演化研究具有得天独厚的学术价值。从经济思想上来说，古典经济学主张的富国裕民的基本目标、自然自由体系的运行机制、劳动价值论的基本内容、财富公平公正分配的价值理念不仅适用于资本主义工业革命时期，对于当代经济理论的发展仍然具有重要的适用价值。从道德价值取向上来讲，如何在不同甚至冲突的价值理念之间寻求平衡是各个时代的永恒话题，古典经济学时期所倡导的自由、平等、功利等价值取向也是当代社会生活的价值主题，它所崇尚的自由竞争、适度干预、道德进步、人类幸福等思想，对于正确处理个人自由与功利正义、经济自由与经济平等价值关系具有重要的理论指导意义，为不同学科的价值取向的协调与化解提供了可能性与合理性，从理论上为多学科融合扫清障碍。

其三，对中国特色社会主义市场经济面临的道德体系重建具有重要的参考价值。财富与德性的二元悖论、市场经济与道德困境等社会问题，不仅是社会主义市场经济发展过程中要解决的问题，也是西方资本主义国家面临的共同问题。斯密早在英国由工场手工业向机器大工业过渡时期就对由财富增长所产生的欲望膨胀表现出特有的忧虑，他强调谨慎、自制及仁慈等德性的重要性；约翰·穆勒也强调道德进步及对高级快乐的追求才是人类的终极目标。从这个意义上讲，研究古典经济学道德观的演化，有助于把握市场经济发展中人们道德行为的运行逻辑，深刻地认识道德规范的内在运行机理，探寻市场经济体制中道德秩序重建何以可能、如何实行。

其四，对于建立符合“道德逻辑”的政治经济发展规划，实现市场经济的健康、协调发展具有一定的现实指导意义。依据马克思历史唯物主义的基本原理，每一种社会经济形态都必将产生一种与之相适应的道德体系，而道德体系又会对经济发展发挥能动的反作用，道德作为社会上层建筑，与政治经济形态相比具有相对稳定性与滞后性，当道德与经济发展相适应时，就能促进经济的发展，反之，则会对政治经济的发展起阻碍作用。基于此，正确认识并理解原初市场经济发展中道德观演变的轨迹，掌握市场经济条件下道德运行的规律，有助于相关部门对现实经济进行理性审视，以此来指导市场经济的发展。

二、国内外相关研究现状

为了克服市场经济发展中商业丑闻、企业腐败、权力寻租等负面效应带来的社会影响，学术界愈来愈重视从市场经济发展的源头——古典经济学中汲取有价值的资源。自 20 世纪中叶开始，国内外学者多角度、多层面深入考察了古典经济思想的本质内涵以及古典经济学家经济思想与道德思想的内在关联，这些研究对我们当前完善社会主义市场经济体制以及建立和谐稳定的商业社会秩序具有借鉴意义。

（一）国外相关研究现状

西方古典经济学的研究大致经历了繁荣、冷落与复兴三个时期，自斯密《国富论》问世到 1870 年边际革命爆发，古典经济学一直是占主导地位的经济学说，大多学者从经济史学角度阐述这种资产阶级经济学说的基本内容并对其没落的历程进行分析；从 19 世纪末到 20

世纪六七十年代，古典经济学处于不被重视的阶段，这主要有两方面的原因：一是19世纪末的经济学说以边际生产力掩盖分配理论中的阶级对立，被冠以庸俗经济学之称；二是政府宏观调控与经济自由相结合的凯恩斯革命挽救了20世纪30年代的经济危机，西方经济学说史进入“凯恩斯时代”。20世纪六七十年代西方普遍存在的高通货膨胀率、高失业率以及企业盈利中的不正当行为日益猖獗，西方社会对当代经济发展中的现实问题进行批判性反思，古典经济学的论述再次受到西方资产阶级的重视，他们试图挖掘古典经济学的经济思想资源以及道德哲学资源，以弥补凯恩斯理论以及马歇尔理论的不足。综合来看，国外学术界对古典经济学的经济思想以及道德思想的相关研究主要集中于以下几个方面。

1. 对抽象“经济人”的本质内涵或方法论的再阐释

其一，对古典经济学的“经济人”假设进行重新审视，主要代表人物有科恩（William S. Kern，2001）、帕加内利（Maria PiaPaganelli，2008）、丽莎·希尔（Lisa Hill，2012）。科恩认为，随着《国富论》的出版，经济学家愈来愈认为自利追求是人类主要的心理驱动，自利追求主导着经济学家的思维。然而，经济学对人性自利的分析是不全面的，他们忽视了古典经济学家在经济分析中对社会地位的关注以及对个人自利、社会经济进步与政策之间关系的探讨。“需要阐明的是，诸多古典经济学家假定追求地位是自利追求的重要组成部分，他们各自关于人具有追逐地位的欲望的观点奠定了对经济进步、穷人的发展受限的分析的基础。①”科恩指出，在古典经济学中不同的经济学家对社会地位与经济进步的可能性、劳苦大众问题的分析持

① Kern，William S. Classical Economic Man：Was He Interested in Keeping up with the Joneses? [J]. Journal of the History of Economic Thought，2001，23（3）：354.

各不相同的观点，斯密强调提升地位的欲望是人性中固有的一部分，对所有的社会阶层而言都是真实存在的。约翰·穆勒认为，关注社会地位是重要的驱动力，但仅局限于中上等阶层，劳动阶层可能对“他们的体面的社会地位”的遗失感到忧虑，然而由于贫穷与教育的缺乏，他们改善自身境遇的欲望却相当少见。因此，斯密认为，自由竞争是经济进步、解决“穷人问题”的强有力引擎；约翰·穆勒则认为，唯有强有力的政府制定相关政策才能担负起“贫困陷阱”可能产生的后果。帕加内利认为，人们对斯密的自利思想存在误读，自利及自爱是斯密思想体系的基本出发点，斯密不但强调在“看不见的手”的引导下，人的自利行为能够推动经济有序运行，实现社会的经济繁荣，还从个人与社会、物质与道德关系的层面指出过度自利会带来严重的社会后果，维护稳定的社会秩序需要将自利控制在适度的范围之内。[①] 希尔质疑传统意义上人们对斯密经济体系中自利的解读，他指出人们通常认为与金钱至上、欲望、功利最大化以及人性的贪婪相联系的理性利己主义是斯密经济体系的主要驱动力，然而在他看来，斯密经济体系中最为重要的是情感驱动。在斯密的思想体系中，情感驱动是秩序、生存与人类繁荣的推动力。斯密将灵魂中的喜爱平静、感官满足视为情感的附属，为了实现社会认同、获得赞许，行为主体总是会推延当前的满足。[②] 以上学者都赞同“经济人”的自利行为在经济发展中发挥重要作用，然而他们对自利的理解以及自利在经济体系中所占权重的认识却不尽相同。值得一提的是，希尔认识

---

① Paganelli, Maria Pia. The Adam Smith Problem in Reverse: Self – Interest in The Wealth of Nations and The Theory of Moral Sentiments [J]. History of Political Economy, 2008, 40 (2): 370.

② Hill, Lisa. Adam Smith on Thumos and Irrational Economic ‘Man’ [J]. History of Economic Thought, 2012, 19 (1): 6.

到情感因素对“经济人”的行为规范具有制约功能。

其二，深入考察“经济人”的缘起、本质及其内涵，典型代表人物有柯兹纳（Kirzner，1960）、麦伦·梅尔斯（Milon Myers，1983）、约瑟夫·帕斯基（Joseph Persky，1995）。柯兹纳梳理了古典经济学派关注财富生产分配理论转向罗宾斯的选择理论的历程，他认为在当代的多数用法里，“经济人”的本质并不依赖于他的“所指”，而是做出选择的理性化方法。在具有深刻洞见的《经济人的灵魂》一书中，麦伦·梅尔斯从道德哲学的视角总结了“经济人”自利行为与社会利益之间的关系，他指出尽管近代初期西欧学者对“经济人”自利有不尽相同的看法，但“经济人”的自利行为对于公共福利而言是必不可少的。[①] 帕斯基在《经济人行为学的回顾》中指出，约翰·穆勒通常被认定为“经济人”的创始人，虽然他从未在其作品中使用这一名称，但这一名称出现在历史学派对穆勒思想带有贬损意味的批判之中。历史学派代表人物莱利斯（Leslie，1879）、戈申（Goschen，1893）则认为，穆勒思想中“经济人”作为一种明目张胆的自私自利的假说会带来严重的社会后果，而对自利行为的社会后果的考虑相对于“经济人”假说的提出以及经济学学科的创立而言具有优先性。在帕斯基看来，穆勒的“经济人”有四个明显的偏好：积累、闲暇、享受和生产。[②] 尽管“理性人”的抽象概念对于经济学而言是极为有用的，但不能将穆勒的“经济人”视为完全理性的，因为穆勒坚持将“经济人”的选择保持在有限的范围之内，那些永久性地与财富欲望相一致的动机才被视为是合理的，由此可见，穆勒

---

① Myers, Milton. The Soul of Modern Economic Man [M]. Chicago: Chicago University Press, 1983: 27.

② Persky, Joseph. Retrospective. The Ethology of Homo Economicus [J]. Journal of Economic Perspectives, 1995, 9 (2): 223.

主张有限理性“经济人”。然而，“经济人”思想的拥护者与批判者对其含义的理解都过于偏狭，仅将其视为简单的概念或假设都不足以揭示其全部的内在含义。可以看出，“经济人”假设中不言而喻地包含着人的自利本性、理性行为及个人利益与社会利益的关系问题，这些学者只是从不同角度来解读自利的本质、理性的范围及限度，而如何实现适度自利、道德，以及情感如何在经济系统中发挥作用也是学界应当关注的重要问题。

2. 对古典经济思想的新解读及对古典经济学复兴的理解

古典经济学家从道德情感、广泛的社会概念以及商业道德等多层面探讨道德对人类活动的引导与制约，主要代表人物有努德·哈孔森（Knud Haakonssen，1981，2006）、查尔斯·格里斯沃尔德（Charles Griswold，1999）、塞缪尔·弗莱施哈克尔（Samuel Fleischacker，2004）、汉利（R. Hanley，2006）、迪尔德丽·麦克洛斯基（Deirdre McCloskey，2008），他们对长期以来把斯密看成是一位反道德意识的经济学家的做法提出批评，在他们看来，斯密首先是道德哲学家、美德伦理学家。哈孔森指出，斯密的两本著作都表明自利是人性的组成部分，斯密问题已成为“旧的宿愿”。[①] 在他看来，斯密是以广泛的社会概念来理解人的行为方式的，人的“亲社会”情感可以运用于商业经营之中。格里斯沃尔德则认为，审慎美德、适当的理解力、惩罚与安全等与个人自利要求密切相关，斯密是将审慎视为适宜美德的哲学家。人们追求财富的动机根植于人们更易于与愉悦的感受产生同情共鸣，因此追求财富与感受愉悦相联系，人们乐意拥有财富并炫耀它以获取他人的赞扬与认同。格里斯沃尔德同样对人们因钦佩富贵带

① Haakonssen, Knud. The Science of a Legislator: The Natural Jurisprudence of David Hume and Adam Smith [M]. Cambridge: Cambridge University Press, 1981: 197.

来道德堕落持批判态度，他不仅阐明追求财富是为了“满足人的虚荣心”，还进一步指出通过追求财富获得他人的认同相当于错误地将财富视为幸福。在格里斯沃尔德看来，斯密把追求财富视为一种欺骗性的目标，它甚至会使人们偏离实际上应当追求的安宁与幸福的目标。[①] 与格里斯沃尔德不同，弗莱施哈克尔则认为斯密对追求财富持批判态度，斯密最为关注的是贫穷问题，他区分了为满足人的虚荣心而追求财富与为改善自身境遇而追求财富之间的区别，并进一步指出，斯密实际上要阐明关注人们的需要不仅是道德上允许的，而且是道德上要求的。有道德的人基于合理的理由追求财富，因此，“完全由体面、谦逊的人组成的世界仍然能实现经济的繁荣。[②]”汉利则认为，斯密阐释广泛的社会框架如何指导道德行为，并清晰地阐明合宜的情感应指导社会成员的各项活动；在斯密的经济理论中，自利是主要的驱动力，但自利与人的美德不可分离，美德理想存在于每个人的心中，因此限制着人的自利，有德之人“不仅有获得认同的欲望，而且有值得被认同的欲望。[③]”麦克洛斯基则明确指出斯密主要是美德伦理学家，斯密认为道德之人需要具备爱、勇气、自制、正义、审慎五种美德，爱作为家庭之德，勇气是企业家之精神，而任何社会都依赖于自制、审慎及正义等人为之美德，斯密的审慎美德运用于政治、经济、社会生活各个领域。

基于现代经济学对古典经济理论误读产生的严重后果，部分学者主张复兴古典经济学，尤其强调要将古典经济学对道德问题的思考与

---

① Griswold, Charles. Adam Smith and the Virtues of Enlightenment [M]. Cambridge: Cambridge University Press, 1999: 204 - 295.

② Fleischacker, Samuel. On Adam Smith's Wealth of Nations [M]. Princeton and Oxford: Princeton University Press, 2004: 104 - 119.

③ Hanley, R. Adam Smith and the Character of Virtue [M]. Cambridge: Cambridge University Press, 2009: 94.

关注引入当代经济学研究之中，坚持这一观点的典型代表人物有阿玛蒂亚·森（1986，2009）、沃尔什（Walsh，2000）、库珀（Richard Cooper，2000）、普特南（Putnam，2002）、马丁斯（Nuno Ornelas Martins，2012）。阿玛蒂亚·森批评主流经济学的理想化和虚构的“经济人”观点，指出现代经济学与伦理学的分离，是因为对斯密有关经济行为动机的狭隘理解、对斯密有关道德情操论述的忽视。在经济学中，斯密不仅关注交换行为是否充分满足自我利益，而且关注有助于经济活动的道德动机和制度保障。哈佛大学教授库珀也认为古典经济学家关注道德问题。可以看出，这些学者从不同层面强调古典经济学在政治、经济、道德等领域进行了综合性思考。除此之外，马丁斯详细地分析古典经济学复兴所经历的阶段，他对阿马蒂亚·森提出的有关古典经济学复兴的思想进行检验，马丁斯认为，这种复兴有助于弥补当前经济学研究单纯注重数理模型及量化分析带来的对人的多样化行为的解释无力及理论苍白的缺陷，他还进一步指出，实际上斯拉法的有关复兴古典经济学的主张比阿马蒂亚·森的要更早一些，斯拉法能够为经济学研究带来一种更为多元的、理想化的视角。① 而依据沃尔什和普特南的观点，古典经济学在 20 世纪的复兴历经两个阶段：第一个阶段是由斯拉法批判边际主义的分析框架，到恢复古典经济学价格与数量相关的最小的分析框架所引起的；第二个阶段是由阿马蒂亚·森引发的，他提出复兴以人类行为与幸福生活的紧密结合为典型特征的古典经济学主张。可以看出，学界对斯密道德哲学思想的重新审视及古典经济学的复兴思潮很大程度上都是对现实中经济学与伦理学的分离带来的困境的积极回应，这也反映出学术界对追求财富

① Nuno，Ornelas Martins. Sen. Sraffa and the Revival of Classical Political Economy［J］. Journal of Economic Methodology，2012，19（2）：143 – 157.

的行为方式与人类幸福生活目标之间关系的关注与反思。

3. 对古典经济思想与道德哲学思想的内在关联及本质内涵的研探

从综合性层面探讨古典经济学关于政治、经济与道德领域的衔接与联系，代表人物有杰瑞·埃文斯凯（Jerry Evensky，2005）、卢迪·费尔堡（Rudi Verburg，2006）、斯蒂芬·纳坦森（Stephen Nathanson，2012）等。埃文斯凯强调了斯密思想中的自由市场制度、正义法律及市民道德之间的关系，他认为自由市场制度有利于社会整体利益的实现，个体自爱对于社会整体利益的实现仅仅具有工具性价值。而在当代经济学中，自爱的工具价值却成为追求自身利益最大化的“经济人”的基本假定。斯密的《道德情操论》揭示了自由社会包含着人民自由与市场自由两个层面的内容，而要建立自由社会必须保障所有参与者的安全，这种安全来源于正义的社会制度。斯密在《国富论》中再次强调了这一观点。斯密对自由市场制度、正义法律及市民道德的分析并不是彼此割裂的。在《国富论》中，他分析了由正义法律及市民道德所确定和强化的正义制度，指出成熟的正义制度的出现依赖于人类的物质进步，而物质进步有助于劳动力的精细化分工。在《法学讲稿》中，他提出正义的法律制度有助于自由市场社会的出现，制度成熟促进社会发展，法律对于个体行为具有外在强制性。当社会变得日益复杂，如若警察的强制性力量成为社会安全的最终保障，那么这种追求发展的自由反而受到确保自由的反动政府的打压，最终，自由秩序的黏结性和建构性并不是依赖于制度性政府而是自治性政府以及市民道德的日益完备。① 埃文斯凯还阐述了斯密在

① Evensky, Jerry. Adam Smith's Theory of Moral Sentiments: On Morals and Why They Matter to a Liberal Society of Free People and Free Markets [J]. Journal of Economic Perspectives, 2005, 19 (3): 113.

《道德情操论》中对于道德的分析，即人之本性与培育市民普遍道德的交互作用、个体以及社会的动态交互作用，这种交互性作用有助于公民道德的日渐完善并为自由主义制度创造条件。他还从人性的角度揭示了人类社会紧密相连的基础是人的同情共感能力。由此可见，埃文斯凯对斯密的著作进行了关联性的解读。在他看来，斯密的思想显现出政治、经济、道德三个层面的有机统一，人的道德情感能力的培养与完善既是社会交往的基石，也是社会发展所要实现的目标，这无疑开辟了一条全面理解斯密思想的新路径。

关于市场经济、政治制度与道德制约三者有机联系的探讨不仅体现在斯密思想的相关研究中，还有学者从约翰·穆勒等古典经济学家的思想中考察这种密切关系。费尔堡认为，约翰·穆勒政治经济学与社会哲学之间的相互关系往往被经济学家所忽略，他指出如果社会与道德进步问题是约翰·穆勒思想体系的关键，那么他的经济学应当在一个宏大的道德和社会进步的框架中来理解：约翰·穆勒经济学对于实现社会道德进步的目标具有工具性价值，因此，约翰·穆勒的政治经济学在道德进步中处于从属性地位。[①] 纳坦森与费尔堡的立场相同，在他看来，约翰·穆勒的《政治经济学原理》中的经济正义思想很少引起哲学家的关注，通过深入分析这一著作，他认为约翰·穆勒思想中包含着经济制度、贫困、正义以及政府角色等相关问题在社会哲学上的相关运用。[②] 其一，穆勒将功利主义视为评价行为或政策正确与否的主要道德标准，而大多数人认为功利主义忽略了正义问题。事实上，正是对功利主义提出质疑的思想家推动从哲学视角展开

① Rudi, Verburg. John Stuart Mill's Political Economy: Educational Means to Moral Progress [J]. Review of Social Economy, 2006, 64 (2): 225.

② Nathanson, Stephen. John Stuart on Economic Justice and the Alleviation of Poverty [J]. Journal of Social Philosophy, 2012, 43 (2): 161.

经济正义问题研究的热潮。他们持有与功利主义截然不同的观点，如罗尔斯、诺奇克，他们建立了以个人权利为基础的正义论思想体系，并将功利主义视为理解正义理论的主要障碍。其二，学术界普遍认为穆勒在《论自由》中主张自由放任主义，他充分论证了社会所能合法施予个人的权力的限度与范围，并在个人权力与社会权力之间划定界限，这就意味着只要经济活动没有通过强力或欺诈直接伤害到他人，政府在经济活动中就应奉行不干涉政策。诺奇克在《无政府、国家与乌托邦》中则指出："国家不可用它的强制手段来迫使一些公民帮助另一些公民；也不能用强制手段来禁止人们从事推进他们自己利益或自我保护的活动。[①]"这更像是对穆勒观点的回应。穆勒的经济自由主义观点在乔纳森·赖利（Jonathan Riley）、弗瑞德·贝格尔（Fred Berger）以及其他学者的作品中都有提及，他们肯定了穆勒对经济正义以及政府在经济事务中的积极作用的相关探讨做出的理论贡献。

4. 多视角、多路径重新审视古典经济学家的经济思想

从道德心理学、宗教伦理学等多个角度挖掘古典经济思想的当代价值，主要代表人物有克里斯蒂娜（Christina McRorie，2015）。她认为斯密的经济学以道德心理学为前提，从宗教伦理的角度考察斯密思想既增强了斯密思想的价值，又加深了宗教伦理学领域与经济主题之间的对话。[②] 她强调，在《国富论》中不仅存在道德心理学的内容，而且摆脱了将自利作为美德的解读。市场交换实现资源最优配置的方式不是源自人类自利的自然本性，而是人的同情能力使市场交换成为

---

① 诺齐克．无政府、国家和乌托邦［M］．姚大志，译．北京：中国社会科学出版社，2008.

② McRorie，Christina. Adam Smith，Ethicist A Case for Reading Political Economy as Moral Anthropology［J］. Journal of Religious Ethics，2015，43（4）：674.

可能，交易得以实现是基于同情、理解他人的利益，追求财富也建立在与同情能力相伴的赞许欲望的基础之上的。市场秩序的形成是神的力量或者建立在某种哈耶克主义的自发秩序的基础之上的，正是自由市场使得自利转向公共善。因此，在克里斯蒂娜看来，斯密不仅在宗教伦理学领域是一个天然的对话者，更可以将其视为在道德人类学与经济学之间进行对话的范例。

综上所述，国外学术界已经取得比较丰硕的理论成果，尤其是对典型代表人物思想的透彻分析，为国内外深入研究古典经济学道德观提供了丰富的学术资源、奠定了学术研究的理论基础。学者们对古典经济学研究方法及思想关联的批判与论证提供了多角度分析相关问题的可能性，一方面推动经济学研究方法的创新与发展，另一方面有助于经济学在对传统古典经济理论扬弃的基础上取得进一步发展。但纵观这些研究，也存在不足之处：第一，古典经济学派的适用范围尚未形成共识，大多数学者采用马克思对古典经济学涵盖范围的界定，有的学者的限定范围更为宽泛，将重农学派视为古典经济学的奠基人；有些学者的研究范围狭窄些，将李嘉图视为终结者，把穆勒看作庸俗经济学派的代表人物，这些分类本身的科学性和依据的合理性有待进一步考证。第二，这些成果大多是从经济思想史或经济发展史的角度展开的，相关道德思想的研究只是满足经济研究的辅助性需要，对道德思想的探讨更多地局限于单个代表人物的论证与分析，没有从整体上深入分析古典经济学的兴衰历程中各种道德思想之间的联系与差异，缺乏整体性把握和动态性分析。

（二）国内相关研究现状

在国内，早在晚清启蒙运动时期，严复在“中学为体、西学为用”思想指引下就将斯密、约翰·穆勒等著名思想家的作品译入中国，中华人民共和国成立后，商务印书馆陆续将经典思想家的著作翻译入国，但古典经济学及典型代表人物的思想理论真正引起关注却始于思想氛围日益开放的20世纪七八十年代。古典经济学在中国受到关注基于以下两个方面的原因：一是基于市场经济发展中商业丑闻、企业腐败、权力寻租等负面效应的恶劣社会影响，学术界越来越重视从市场经济的发展源头古典经济学中汲取有价值的资源，在20世纪后期，国际社会相继举办《国富论》发表200周年和斯密逝世200周年大型纪念活动，深入挖掘斯密思想的当代价值，呼吁现代经济学向古典经济学复归，受国际大环境的影响，国内学术界力求在学术研究上与国际社会接轨；二是响应马克思主义中国化的时代呼声的结果，古典经济学作为马克思政治经济学思想的主要来源，对古典经济学的相关理论进行深入考察是深化对马克思理论认识的重要途径。综合来看，古典经济学道德观的演化是以典型代表人物思想的演变为主要脉络的，由于本书涉及古典经济思想史上的多个代表人物，这里将从综合层面和微观层面两个方面进行梳理。

1. 从宏观层面梳理古典经济学派的经济伦理思想、自然法思想发展脉络

典型代表有：乔洪武（2000，2016）、余达淮（2006）、吴红列（2014）、吴瑾菁（2015）等。乔洪武在《正谊谋利——近代西方经济伦理思想研究》一书中，运用马克思主义的观点和方法从经济伦理的角度阐述自重商主义到凯恩斯学说诞生期间西方近代著名经济学家的思想，古典经济学的经济伦理思想在其中占据了大量篇幅，他归纳概述了以斯密、马尔萨斯、萨伊、西斯蒙第、边沁、穆勒为代表的古典经济学的经济伦理思想，并从资本主义经济制度的伦理卫士、经

济伦理准则的虚伪性和利己主义本性三个方面对近代西方经济伦理思想进行了批判，在此基础上提出发展中国特色社会主义市场经济，必须正确处理个人利益与互利互惠、效率与公平、自由经营与国家干预之间的关系，这本著作以新的视角研究西方经济思想，奠定了国内西方经济伦理思想研究的基础；余达淮在《马克思经济伦理思想研究》中也分析了作为马克思经济伦理思想的理论来源之一的英国古典政治经济学的经济伦理思想，并对其进行了批判性研究，他认为古典经济学的经济伦理观在方法论上具有将自然和谐理论运用到社会领域和道德哲学领域的特征，并将自然权利、自然秩序确立为其经济伦理的基本立足点，以“经济人”假说为基础，设定了人的经济行为的价值评判标准。他介绍了以斯密、马尔萨斯、李嘉图、西斯蒙第为代表的古典经济学的经济伦理思想，与乔洪武不同的是，他认为关于劳动价值论的相关见解反映出李嘉图在古典经济伦理思想中占有一席之地；吴瑾菁在《古典经济学派经济伦理思想研究》中进行了专题分析，她对学界存在争议的古典经济学派与经济伦理的界定进行了整理与分析，强调对古典经济学的分析不应将新古典经济学排除在外，因此在研究范围上涵盖了马歇尔的经济伦理思想，她详细地阐述了古典经济学派的“经济人”假说的演变，并从经济自由主义价值观、财富道德观、经济公正论以及社会发展价值观四个方面梳理了古典经济学派经济伦理思想的基本内容，以此为基础总结出古典经济学派经济伦理思想的特征及其现代价值。

与上述几位学者不同，吴红列在博士论文《作为自然法理学的古典政治经济学——从哈奇逊、休谟到亚当·斯密》中从自然法理学的角度研究以斯密为代表的古典政治经济学，他指出古典政治经济学的理论背后蕴含着道德哲学和法理学的研究路径，苏格兰自然法传统就是在自然法与道德哲学相结合的过程中形成的，哈奇逊正是在自然法的分析框架下思考经济问题，休谟在认同自然权利假说的基础上，提出自然权利是人为和习俗的产物，从而实现了对传统自然法的批判性发展，斯密进一步将对自然法的反思和文明社会的思考引入他的政治经济学中。他还对斯密的道德哲学理论、自然法理论和政治经济学内容进行了深入的阐释与分析。另外，还有一些学者从新的研究角度、研究方法进行的相关研究也非常值得我们关注，如杨春学（1998）在《经济人与社会秩序分析》中以斯密的理论为基础，将“经济人”视为一种假说，对经济理论发展史中各个时代的“经济人”的演变与社会秩序的关系进行了系统地分析与梳理，考察了“古典经济人”“新古典经济人”“广义新经济人”三种类型的“经济人”假说在经济理论发展史中的作用，并指出“经济人”范式的核心在于探讨利己本性与公共利益的关系。项松林（2013）阐释了苏格兰启蒙运动使经济学摆脱了“政治计算”，确立了古典经济学中市场的地位及道德的价值，古典经济学具有的人本、政府、伦理三重维度对反思当代西方经济学及我国市场经济持续健康发展具有重要的指导意义。袁立国（2015）则认为古典经济学本意上是一种市民社会理论，苏格兰启蒙学派以经济学与道德哲学相结合的方式构建市民社会的政治秩序，因此，苏格兰所构建的市民社会强调经济的基础地位，并具有政治与伦理的特征，但它却止步于市民社会理论的合理性论证。以上研究主要集中于对古典经济学的基本内容及研究路径进行深入挖掘，与他们不同的是，唐正东（2009）从研究方法的角度对古典经济学的相关内容进行了深入的探讨。在《从斯密到马克思——经济哲学方法的历史性诠释》一书中他分析论证了斯密等苏格兰历史学派所持有的古典历史主义经济哲学方法、李嘉图的唯物主义经济哲学方法，他认为斯密的经济学实际上是社会政治经济学，他的哲学思想实际上是从具体的社会现实关系出发的，但由于时代的局限，无法把握社会的内在矛盾，真正理解“历史”的内涵，因而是自然历史主义者，因此，他的经济哲学实际上是要在非历史唯物主义的思想背景下实现理论话语与历史话语的结合，与斯密以经济的话语表达以自然法为基础的人本主义思想相比，李嘉图则是在古典经济的话语中对资本主义本质进行唯物主义的剖析，他的经济学说的哲学意义在于直面资本主义的社会现实，追求一切符合人类劳动生产力的利益，李嘉图将唯物主义从自然领域中区分出来，延伸到社会领域的发展方向。

2. 从微观层面对单个人物思想的阐释

（1）关于斯密的思想的相关研究主要涵盖以下三个层面的内容

一是斯密伦理思想体系的深层解读，具有代表性的有：王滢、景枫（2001），罗卫东（2004，2008），李兰芬（2006）等。王滢、景枫力图从斯密的道德情操论、经济伦理、政治伦理三个方面全面地解读斯密伦理思想，建构斯密伦理思想体系。罗卫东以《道德情操论》的文本为解读依据，全面考察斯密的伦理学思想，尤其关注了其思想中的自然神学和斯多葛哲学的影响，还对斯密伦理思想由早期的乐观主义态度转向晚年的悲观主义态度进行分析，他认为斯密伦理学思想的价值不在于其内容的独创性，而在于其面向商业社会道德堕落的现实境况不断探寻德性重建的精神历程的独特性；他还从“美德的本质”“道德判断的原因和根据”“道德科学的方法”三个方面比较了斯密与同时代其他人的伦理思想，认为在斯密的伦理学思想体系中，同情共感是基础，合宜性是核心，德性是落脚点。李兰芬批判性地分析了斯密的道德形成理论，她认为斯密的道德情感理论属于人性论，斯密试图以同情、同感、公正的旁观者的知识谱系构建其理论体系，并以此为理论基石挽救当时的道德危机，尽管斯密的道德形成理论没有提供道德危机的根源和出路，但对当代社会仍有重要的方法论启示意义。

二是“斯密问题”的探讨与破解，具有代表性的有陈岱孙（1990）、薛为昶（2005）、朱绍文（2010）、聂文军（2003）等。陈岱孙认为“斯密问题”不是一个实际只是假象，在斯密生活的时代，经济问题和伦理问题都隶属于道德哲学学科，作为一个学科的两个组成部分，有不同的强调重点并不意味着两者之间存在不可调和的矛盾，陈岱孙指出斯密的两本书在内容上有互通之处，思想上有连续性，在人性论上有相互补充的地方。薛为昶也认为，斯密用互利原则将利己与利他的人性统一起来，“斯密问题”是对斯密思想体系的误读，经济自由主义和自由放任经济政策是斯密对市场经济理论的重大贡献，“经济人”和“看不见的手”是其思想体系中的关键理念，他还对经济学与伦理学的分离进行了梳理和分析，指出经济伦理学成为显学的价值与意义。朱绍文持有基本相同的观点，他认为斯密的第一本著作应译为《道德感情论》，而不是《道德情操论》，它既是斯密时代道德哲学的一部分，也是近代市民社会的科学内容，所谓的“斯密问题”是个伪命题。也有学者持有不同的观点，聂文军认为对斯密问题不能简单地归结为存在或不存在，应当进行辩证的、历史的考察，他还试图从斯密文本的解读中破解“斯密问题”，从斯密经济学与伦理学的关系中梳理其经济伦理思想，他认为“公正旁观者”与“同情共感”形成的道德约束协调个人与他人、经济与伦理之间的关系，而“看不见的手”市场机制解决自利与利他的矛盾。

三是斯密思想体系或经济伦理思想研究，具有代表性的如李非

（2001）、杨芳（2007）、胡传国（2011）、宫敬才（2014）等。李非从伦理学、经济学与法学的角度论证了斯密无形之手所表达的自然自由体制，由此形成的市场社会促使私人利益与社会利益自然调和，并通过自由的市场交换形成社会秩序；杨芳则以启蒙运动为视角，以商业社会为主题，从历史与理论、人性与伦理、政治与法律、财富与增长的角度对斯密的思想进行整体性研究，这些研究突破了经济学或者伦理学的单一视角，认为斯密思想体系存在经济与伦理的内在统一关系，斯密以合宜性、同情心、良心等美德使具有利己本性的人控制自己的感情和行为，从而使出于个人利益追逐的动机的个体在“看不见的手”的指引下实现了社会利益；胡传国认为斯密的经济理论中的自然法哲学和道德哲学传统被学术界忽视；宫敬才通过梳理、比较后指出斯密的经济理论中包含着丰富的经济情操性内容，如同情他人也是人的本性、个人在条件约束下追逐私利的正当性、个人追逐私利以利他和利于社会为前提，他认为斯密的经济情操在斯密经济理论中发挥灵魂性作用。

（2）关于李嘉图思想的相关研究

国内学者主要对李嘉图的经济思想进行深入剖析与解读，探讨其在经济科学中的意义与价值，如郭大力（1962）、陈其人（2009）；个别学者还从经济伦理的角度进行了尝试性研究。郭大力在《政治经济学及赋税原理》的中译本序言中指出促进生产力发展和维护资产阶级利益是李嘉图著作的中心思想，李嘉图主张创造一切条件促进资本主义生产力的发展和财富的增加，在李嘉图看来资本主义生产力的发展、财富的增加是为了满足人们的利益，因此资本主义的利益与人民的利益、发展生产力的利益是完全一致的，资本主义生产方式是自然的、永恒的生产方式，他认为李嘉图的这种看法有其特定的历史理由，这种观点既体现了李嘉图思想的优点和贡献也展现了其缺点及历史局限性。而李嘉图在经济科学上的贡献则是他对劳动价值论进行的透彻分析与发展，以及在对资本主义分配问题分析的基础上发现的阶级之间的经济利益的对立，并初步寻找到了阶级矛盾的经济根源。他还指出，李嘉图虽然试图纠正斯密劳动价值论的缺陷，但却将注意力集中在价值量上，因而没有切中要害，李嘉图还将资本看作是积蓄的劳动，没有认识到资本是一种生产关系，这种见物不见人的非历史的观点无法揭示资本的社会本质及作用。陈其人在《李嘉图经济理论研究》依据马克思的政治经济学思想体系改造了李嘉图的阐述结构及叙述方法，并运用马克思的观点评述其对李嘉图经济学说的扬弃，他指出李嘉图的经济理论既是为资产阶级服务的，同时又成为无产阶级反对资产阶级的理论武器，因此李嘉图在政治经济学中处于关键性的地位。从经济伦理角度解读李嘉图思想的论文寥寥无几，仅有王初根（2001）、孙尚诚（2012）有相关的论述。学术界普遍接受马克思对李嘉图经济思想“把人变成帽子”“见物不见人”的评定，如乔洪武对西方近代经济伦理思想的总体概述中就没有李嘉图的相关论述。王初根则尝试性地从经济自由主义、关注资本主义财富的增长、分配论三个方面论证李嘉图存在功利主义的经济伦理思想；孙尚诚认为李嘉图的比较优势理论中蕴含着“最大多数人的最大幸福原则”，而所谓的“比较优势陷阱”是对李嘉图经济伦理思想的误读。

（3）关于约翰·穆勒思想的相关研究

功利主义思想研究的典型代表：张清（2005）、刘琼豪（2009）。张清的博士论文《正义与功利》从平等的权利与功利的关系、自由的权利与功利的关系、分配正义三个方面论述约翰·穆勒功利主义正义思想的内容。首先，他详细地阐述了约翰·穆勒平等的权利与功利的关系，他认为约翰·穆勒的权利思想集中体现在区分道德理论的不同层次以及限定道德的基本义务上。约翰·穆勒将道德原则划分为三个层次，从而将正义原则、权利原则置于道德理论的中心位置；他还严格区分了道德领域与非道德领域，功利最大化是功利主义追求的理想和目标，不伤害他人权利才是道德的基本义务。这种关于道德基本义务与道德理想的认知在一定程度上化解了功利与权利之间的矛盾。其次，他指出在约翰·穆勒的自由正义理论中，工具性价值的自由与功利具有一致性，目的性价值的自由对功利具有优先性。最后，在分配正义问题上，他认为当代两种主要的分配正义原则，即罗尔斯的分配正义原则与功利主义的分配正义原则源于对正当与善的不同理解，作为最低限度的保守功利主义者，约翰·穆勒试图在善与正当之间寻求平衡，尽管约翰·穆勒的分配正义思想还有一定的局限性，但是毕竟提供了一种新的解决问题的方式。刘琼豪从五个有争议的方面整理、归纳了学术界对约翰·穆勒功利主义思想研究的主要贡献及存在的问题，她指出约翰·穆勒的伦理思想研究不仅涉及了《功利主义》所阐述的思想，也部分涉及了《论自由》及《代议制政府》的思想，确定了广阔的研究视野及问题域，但大多数理论从单一方面论述，破坏了约翰·穆勒学说的整体性；另外，对约翰·穆勒思想关联的研究仅仅局限于问题本身，没有抓住约翰·穆勒思想的主旨内容。

还有学者对约翰·穆勒的经济伦理思想进行专门性研究，如郭莉（2001），王初根、潘程兆等（2004），何建华（2005），李雪辰（2008）等。在《审慎的转折》中，郭莉简要分析约翰·穆勒的政治经济思想形成的背景、主要内容及意义影响，她认为政治经济学作为约翰·穆勒学说的重要组成部分，应受到重视。约翰·穆勒在《政治经济学原理》中声称国家拥有财富再分配的权利，对古典政治经济学注入人道主义关怀，他的这种国家干预的主张背离古典自由主义的主旨，约翰·穆勒还赋予经济平等以实质性的意义，使得经济平等与经济自由成为价值的共同主题。约翰·穆勒所关注的主要问题就是在现实的政治、经济、道德发展中，如何在自由、平等价值追求中进行审慎选择。王初根、潘程兆等认为，约翰·穆勒在其经济思想中引入道德价值判断，在经济理论分析中注入大量的对人类福祉的关注与宽容精神，对财富和机会均等存在人道主义关心，对经济自由主义复归人性的分析；何建华指出，约翰·穆勒将以功利原则为基础的个人权利的实现和保障作为经济正义的本质内容，以最大多数人的最大幸福作为经济正义的目标，以政府的适度干预作为实现经济正义的保障，并分析了约翰·穆勒经济正义思想的贡献及其局限性；李雪辰认为，古典经济学的经济公平思想和空想社会主义的经济公平观是约翰·穆勒经济公平思想的理论渊源，经济利己和情感利他的人性论思想、幸福论及公益合成说是约翰·穆勒经济公平思想的伦理基础，她从主体地位、起点公平、机会均等等方面阐述了约翰·穆勒经济公平思想的内涵，并在此基础上进行伦理反思。

综上，国内学者在古典经济学的宏观、微观与跨学科综合性研究上取得了突出的成果，对古典经济学的历史发展脉络和当代复兴有了全面的认识和了解，但仍然存在以下不足：第一，国内学者相关研究起步晚，对古典经济思想及道德思想的研究更多的是在国外的推动与回应背景下展开的，因此，在研究方法、问题意识、批判与修正等方面的探讨也是紧紧追寻国外的脚步，缺乏基于中国自身的学术语境与问题面向的现实思考。第二，由于学科视域的局限、研究方法与研究立场的差异，当前的研究更多地集中于对典型代表人物单一思想领域的探讨，缺乏相关作品的关联性解读以及思想体系的整体性把握，虽然有的学者也从政治哲学、政治伦理、经济伦理的角度探讨了人物思想的内在联系，但仅仅局限于关联本身，没有从整体上考虑道德观演化的主旨所在，从而也就无法把握思想内容的完整性。

三、道德与古典经济学道德观等概念界定

以古典经济学道德观演化为研究主题，涉及对道德观与古典经济学道德观两个主要概念的范围划定以及基本内容的确立。而关于经济学与道德的关联以及从何种意义上探讨经济学道德问题始终存在争议，厘定概念、弄清关系是古典经济学道德观研究的基础。

（一）关于道德与道德观概念的界定

围绕道德概念及其所包含内容的争论未曾停歇，尤其关于道德概念本身究竟指的是什么产生的争论甚为热烈，尽管在不同历史发展阶段人们对道德所包含的内容有着不同的看法，然而它所具有的历史性、阶级性等鲜明特征也使得不同的内容各有其合理性。在此，搁置道德所涉及的具体内容不论，主要考察道德与道德观概念本身。

学界普遍认为，西方关于“道德”（moral）的使用源自拉丁文（mos）的复数形式（mores），最初用于指习俗或性格；随后依据人们的道德生活经验，古罗马政治家西塞罗以形容词形式（moralis）表示国家生活中的道德风俗以及行为体的道德个性。[①] 由此，道德（morality）一词秉承这一含义。关于道德概念的界定尚未形成统一的观点，道德或被视为精神现象，或被看作行为规范，或被认为是人的

① 李萍．伦理学基础［M］．北京：首都经济贸易出版社，2004：20.

存在方式。总结关于“道德”概念的界定，可以从理论研究与生活实践两个层面进行归纳。一种是从理论研究的角度出发，认为道德属于一种意识形态，它由经济发展水平及经济关系所决定，是调整人际关系的各种价值原则、行为规范以及人的道德品性的总称。① 作为价值原则，它根植于人与社会的密切联系之中，依赖于这种特殊的社会调节，人不断实现自身的内外统一与精神完善；作为特殊的行为规范，它通过公共舆论、传统习俗等维系社会关系，因而具有社会性特征，也被看作特殊的社会现象，这种观点反映出道德的规范属性和价值属性；作为人的道德品性，它通常涉及人的内在道德自律与外在的道德他律，也是个体行为的稳定性倾向与特征的反映，是道德价值与道德规范内化于行为体自身的产物。另一种是从生活实践的角度出发，认为道德指的是个体的德性品质、社会的特殊行为规则以及与之相关的思想理念。作为德性品质，其意在对人的品性进行认同与肯定，一般指的是行为体具有较高的道德修养和德性水平；作为特殊的日常行为规则，则是为了确立日常的交往规范，便于形成人们普遍遵守规则的社会风尚；作为思想理念，表示的是个人或社会关于道德的认知和看法。

综上所述，作为一种基础性概念，虽然道德概念的使用与表述存在一定的差异，但对其本质内涵的理解却可以形成基本共识。概而言

① 在西方，关于道德概念的内涵沿袭古希腊古罗马时期做出的抽象性界定，近现代时期，从“以人为中心”的视角，以卢梭、康德、休谟、边沁等为代表的思想家又从道德理性主义和道德情感主义两种不同的理论路径来探讨道德的源起、基础与本质；在国内，关于道德概念本身指的是什么，传统思想中以儒家伦理为代表，通过直接性的经验形式做出初步探寻，当代学者罗国杰、唐凯麟、章海山、魏英敏、宋希仁等学者在伦理学的著作中也做出探讨，他们对道德概念的探寻从传统的直接经验性研究转向抽象概念的界定，尽管他们给出的界定并不完全一致，然而集中来看，他们普遍地将道德视为调节社会关系的价值取向、规范体系或者行为个体的德性品质。可以说，中西方关于道德本质内涵的理解是贯通的。

之，道德是指调整社会关系的道德价值取向、道德行为规范以及人的道德品性的总称，基于此，道德观就是在道德认识基础之上形成的关于价值取向、行为规范以及道德品性的一般性观点。

（二）古典经济学道德观的界定

古典经济学道德观是古典经济学家提出的关于这一时期经济问题的道德观点。这里还涉及两个方面的考虑，即关于何种经济问题以及哪些与经济问题相关的道德论题，这一研究对象的确立是古典经济学道德观研究的基础。

古典经济学是由斯密创立的，但古典经济学的研究对象是萨伊1803年在《政治经济学概论》中才正式确立的，他提出经济学研究的“三分法”，熊彼特对此做出高度评价，他认为，“经济学的方法论有一些要归功于他（萨伊）。[①]”詹姆斯·穆勒1821年在《政治经济学原理》中又将生产、消费与分配的“三分法”扩展为涵盖交换在内的“四分法”。这种对经济分析做出的明晰划分，“铸成了更合逻辑的经济学研究范式。[②]”而这种研究范式的明确提出，也使得古典经济学的研究方法及研究主题进一步明晰化。萨伊对经济学的研究方法做出了开创性探讨，他认为经济学主要采用“哲理推究的方法”[③]，即通过分析观察的以及与此相关联的一般事实，推断出基本原则，然后演绎出结论。而萨伊所谓的一般事实指的是根植于人性以及人类世界的事实，也就是说经济学研究以隐藏在事实背后的本质特

① 熊彼特．经济分析史（第二卷）［M］．杨敬年，译．北京：商务印书馆，1992：176.

② 罗斯巴德．古典经济学——奥地利学派视角下的经济思想史（第2卷）［M］．张凤林，译．北京：商务印书馆，2012：15.

③ 政治经济学概论［M］．陈福生，陈振骅，译．北京：商务印书馆，1963：15.

性为基础。萨伊通过区分经济学与其他学科的差异指明经济学探讨何种经济问题，他指出与探讨社会秩序依据的原则以及政治关系的政治学不同的是，经济学专门研究社会财富如何生产、消费与分配，并阐明与此相关的经济制度。从根本意义上讲，萨伊对经济学方法论和学科属性做出的深入思考，集中反映出这一时期经济学研究的基础与核心问题，也就是以人的行为的本质特性为基础，以经济活动、经济体制及经济制度为研究主题。

那么，古典经济学所关注的经济问题中的道德论题也就可以分为与上述相同的两类：一是关注人的行为的本质特性，也就是对人性基础进行分析与评判；二是关注经济活动、经济体制与经济制度的价值取向与道德规范。这里值得一提的是，斯密与约翰·穆勒是以经济学家与道德哲学家的双重身份对经济中的道德问题进行探讨的，他们采取的是从道德到经济以及从经济到道德的双向模式。[①] 从而，从经济学的角度探讨经济中的道德问题与从道德哲学的角度对经济问题进行的道德分析都属于古典经济学道德观的研究范围。

四、研究思路和主要内容

当代经济学向古典经济学的“复归”主要源于古典经济学丰富的道德哲学资源与深厚的道德价值取向，古典经济学的兴衰历程是西方经济思想史上具有特殊意义的历史时期，这一时期既是经济学与道德哲学紧密相连的时期，也是二者逐渐步入分化的时期。本书之所以选取古典经济学道德观演化作为研究主题，基本思路如下：在古典经

① 乔洪武. 西方经济伦理思想研究［M］. 北京：商务印书馆，2016：5.

济学当代复兴的时代背景之下，追溯古典经济学道德观的理论源流，将单个人物思想置于古典经济学的宏观历史背景进行综合考察，掌握思想的传承与变化，梳理斯密富国裕民经济体系的道德属性、李嘉图经济体系的“科学化”转向以及约翰·穆勒人本经济学的道德回归，以此为依据，探寻古典经济学兴衰成败的道德观演化主线，分析引发古典经济学道德观演化的根本原因，从而呈现出完整清晰的古典经济学道德演化的动态图景。最后，在上述分析的基础上，归纳古典经济学的道德观演变基本脉络，凸显古典经济学道德观在当代经济发展中的现实价值。

第一章主要考察古典经济学道德观演进的历史背景及形成的理论来源。综合来看，古典经济学道德观演进源于17～19世纪英国的经济转型、政治变革与文化变迁，其道德观的变化正是对构建新型商业社会秩序做出的理论回应；这一时期道德观的形成主要受洛克的经验论、曼德维尔的经验主义功利论、从沙夫茨伯里到休谟的道德情感论与边沁的世俗功利主义的影响，这些为古典经济学道德观的形成奠定理论基础。

第二章分析古典经济学形成时期斯密的富国裕民经济学体系的道德属性。在人性基础上，通过分析特定历史阶段“经济人”内蕴的道德进步性以及基于自然情感的社会道德调节，斯密强调具有丰富内涵的“经济人”与具有同情共感能力的“道德人”相契合；然而，斯密并不是理想化地分析市场经济体系中的人性结构，他对商业社会的道德困境以及人性的脆弱与不完美有着深刻的认识，实际上，斯密强调交换正义与社会正义乃是市场经济有序运行的制度基础，经济活动以正义制度为前提保障；正是有此基础，自然自由制度才成为商业社会秩序的理想追求，而这种自然自由制度是市场自由运行机制与政府职能的结合，斯密意识到切实履行政府职能依赖于“立法者的智慧”，他构想通过“立法者的智慧”实现政治贤明，从而看到建立理想商业社会秩序的可能性。

第三章阐述古典经济学集大成时期李嘉图经济学的“科学化”转向。在人性基础上，李嘉图将“经济人”的谋利行为推向极致，“经济人”成为物化或数字化的商品形式；以效用最大化为经济行为的目标，也就必然要求实行完全自由的商业经济体制；市场决定工资法则被视为能够实现物质利益最大化的分配法则。在这里，李嘉图将“生产的利益”推崇到无以复加的地位，其经济理论的认知水平虽然达到资本主义范围内的最高程度，却也陷入“教条精神”的泥沼，以经济学内蕴的协调与管理的视角加以审视，其经济理论还显现出人本维度与正义价值的缺失。

第四章分析古典经济学完成时期约翰·穆勒经济学体系的综合视域。在人性基础上，约翰·穆勒的“经济人”成为仅仅具有方法论意义的抽象化概念，为消弭这一假定带来的理论与实践之间的断裂，他力图以共同规律的抽象概括与现实多元化人性的区分予以化解；为弥补以自然权利为基础的古典自由主义的困境与以快乐主义为基础的工具性自由的缺陷，约翰·穆勒致力于探寻自由的本质内涵及其限度，他将自由从经济领域扩展到社会领域，以能力与发展的个人性作为自由的终极目标；基于阶级矛盾的白热化与财富分配两极分化的加剧，他强调以社会制度保障分配正义的实现，寻求经济自由与经济正义兼容的合理范式。

第五章对古典经济学道德观进行理论审视并分析其现实价值。整体上讲，个人主义价值取向贯穿于古典经济学的始终，成为其理论演进中的整体性特征，对“社会”概念的差异性认知则体现出道德观演进的理论进路；就现实价值而言，古典经济学所探寻的理想商业社会秩序的建构以及丰富的道德意蕴对自由市场经济健康运行有着重要的意义。

五、可能的创新点与不足

（一）创新点

（1）从研究视域上，突破既有的经济学、伦理学或者政治学单个层面的研究界限，尝试从思想史研究的层面追溯实现经济学与伦理学等多学科融合的可能性与合理性。

（2）从历史唯物主义的角度，探寻“经济人”假说在道德思想演化中的影响，把握政治、经济与道德的互动关系。

（3）在研究内容上，对古典经济学中经济学与道德思想的内在关联与历史分化进行整体性的、动态的分析与研究，挖掘古典经济兴衰历程中的道德观演化基本脉络。

（二）不足之处

本书的不足之处主要表现在对古典经济学典型代表人物的道德观解读较多，而对单个代表人物经济学道德观形成的内在逻辑的分析还有待进一步加强。另外，笔者选取的是处于古典经济学演化节点中的典型代表人物，对其他代表人物思想的忽略也使本书的解读不够全面、充分。

第一章　古典经济学道德观的来源

古典经济学时期是经济学与道德哲学紧密相连的时期，也是二者逐渐步入分化的时期，它在西方经济思想史中占有至关重要的地位，是西方经济学研究的起点与基础。古典经济学的出现，集中反映了十七八世纪处于政治、经济及文化价值观念变革时期英国的社会转型与社会调节问题，这一时期的主要思想家顺应历史发展潮流，致力于探寻构成新型商业社会秩序的政治制度、经济关系及道德实践的基本运行机制，"政治理论、阶级关系、风俗习惯以及社会集团的特性和道德准则表现出本质上的密切关系，这些密切关系有助于确定历史发展的特定阶段。①" 与现代西方经济学相比，古典经济学最为鲜明的特征就是其作为道德哲学的分支学科在取得自身独立的学科地位的同时，内在地蕴含着丰富的道德观点。作为对传统意义上占主导地位的理性主义的批判与回应，情感主义与功利主义奠定这一时期古典经济学道德观形成的基础，而这一由理性至高无上向关注人的合宜的情感体验及道德实践，进而转向理性与情感的折中调和并不是一蹴而就的，它根植于苏格兰启蒙运动时期对人的本性、商业社会中经济主体行为正当性及合理性的思考，来源于英国情感主义中的道德感思想、

① 克拉克. 1660—1832 年的英国社会 [M]. 姜德福，译. 北京：商务印书馆，2014：124.

英国的经验主义哲学传统以及功利主义思想。

第一节　古典经济学道德观演化的历史背景

依据马克思主义的基本原理，社会存在决定社会意识，人类的一切社会意识都是对特定时期社会存在的反映，物质生产方式、经济关系的变化必将引起社会结构、伦理关系及道德价值取向的转变。17～19世纪的英国处于不断的社会转型与变动之中，正如恩格斯在《英国状况》中指出的："英国的革命是社会革命，因此比任何其他一种革命都更广泛，更有深远影响。人类知识和人类生活关系中的任何领域，哪怕是最生僻的领域，无不对社会革命发生作用，同时也无不在这一革命的影响下发生某些变化。这个革命才是真正的革命，政治的和哲学的革命必定通向社会革命。[①]"因此，这一时期以斯密为代表的思想家所追求的正义制度之下的自然自由体系、以李嘉图为代表的思想家将"生产的利益"视为根本原则以及约翰·穆勒寻求的经济自由与正义的协调，体现出资产阶级破除封建专制王权及宗教神权的奴役及束缚、资本主义市场经济由兴起走向繁盛、人文思潮大行其道之后的社会基本价值取向，也是思想家对于如何维持新型的、稳定的商业社会秩序，如何建立与新型社会秩序相符合的道德价值取向的思虑及探寻。基于此，要探明古典经济学道德观演变的缘由，须从以下几个方面进行综合考察。

---

① 马克思，恩格斯．马克思恩格斯选集（第1卷）[M]．北京：人民出版社，1995：17.

一、经济转型：道德观演化的“牵引机”

从历史上看，英国由工场手工业转向机器大工业、资本主义市场经济由萌芽走向兴盛乃至经济利益矛盾尖锐的发展历程，与古典政治经济学由诞生走向衰落是同步的。斯密处于资本主义工场手工业时期，也是实行商品自由交换与自主贸易的萌芽阶段，社会分工不但促进劳动生产力的普遍改良、提高工人熟练的劳动技巧以及节约劳动转移耗费的时间，更为重要的是，相较于封建经济层级的封闭的经济形态，社会分工、交换与自由贸易成为实现一般富裕的重要手段；李嘉图处于资产阶级在政治经济上占据绝对统治地位的资本主义的上升时期，市场经济迅猛发展，对于财富的追逐成为人们一切行为的基本出发点，物欲的极力声张掩盖了人类超越物质利益之外的其他诉求；穆勒处于英国步入工业文明的阶段，英国经济逐渐走向工业化、城市化、现代化。综合来看，英国这一时期的经济形态实现了从传统农业向现代工业的转变，经济发展迅速、物质财富极大增长，但是也面临着经济转型时期的阵痛与动荡，社会两极分化严重。

第一，英国经济形态由传统农业转向现代工业，物质财富增长迅速，经济领域实现自由竞争。社会的变革与发展是政治、经济、文化等诸领域共同作用的结果，其中，经济领域的变革是社会变革的基础。18 世纪的英国处于从传统农业社会向现代工业社会过渡的历史转折时期，自然科学的发展、资本原始积累的完成、扩大市场的需求以及新航路的开辟都极大地刺激了人们探索新世界的欲望与激情，打破了传统社会阻止创造、发明，对新生事物讳莫如深，力图维持现存秩序的种种束缚，经济变革与发展的条件日渐成熟。这一时期，英国从农业经济向工业经济的转变是经由农业革命与工业革命的共同推动完成的。英国历史上 16 ~ 19 世纪长达三个世纪的农业革命促进了生产技术的改良、劳动生产力的提高以及组织方式的巨大变化，改造传统的农业经济结构是英国农业革命的核心内容，而这一改造过程主要是通过圈地运动以及土地所有权关系的变革来实现的。作为一项在当时的历史情境中合理的改革举措，圈地运动以野蛮、残暴的形式实现了两个重大的历史转变：其一，英国大农场的发展，极大地革新了农业生产技术，使英国的农业生产率提高到与工业化、城市化相适应的水平，实现了英国传统分散性的农业组织形式向资本主义高效率、集中化的现代农业的转变。其二，劳动者与土地逐渐分离，这种分离也带来了两方面的影响：一方面，之前因固定分工与等级制度被附着在土地上的人口解放出来，农业劳动人口流动性的加强，为资本主义工业提供大量廉价劳动力；另一方面，农业过剩人口的出现，导致农民阶层的分化与社会阶层的重构。对此，马克思曾做出精辟的分析："资本主义生产一旦占领农业，或者按照它占领农业的程度，对农业工人人口的需求就随着在农业中执行职能的资本的积累而绝对地减少，而且对人口的这种排斥不像在非农业的产业中那样，会由于更大规模的吸引而得到补偿，因此，一部分农村人口经常准备着转入城市无产阶级或制造业无产阶级的队伍，经常等待着有利于这种转化的条件（这里所说的制造业是指一切非农业的产业）。因此，相对过剩人口的这一源泉是长流不息的。①" 更为重要的是，英国的资产阶级革命以及圈地运动彻底摧毁了封建土地制度，传统的土地所有权关系

---

① 马克思，恩格斯．马克思恩格斯全集（第 47 卷）[M]．北京：人民出版社，1972：433.

也发生了根本性转变，传统农业经济时期的物质财富主要来源于土地，因此土地是权力与财富的象征，通过分封或继承占有并执掌着土地资源的贵族地主阶级自然就成为财富与权力的所有者。资产阶级革命期间，议会没收了国王、教会、贵族的土地进行自由拍卖，并废除一系列不合理的土地制度，将之前的特权领地变成普通的自由领地，以小农土地所有制与封建庄园土地所有制相结合为典型特征的封建土地所有制转变为资本主义的土地所有制，于是劳动、土地、资本都进入了市场，社会经济生活日益自由化、独立化。“从 18 世纪下半叶开始，隆隆的机器声打破了宁静的田园生活，工业革命彻底改变了英国的农业社会，英国人率先叩响了现代文明的大门。近百年的工业革命，使英国几个世纪以来追求财富的理想变为现实，生产力迅速解放，经济迅速增长，社会产品极大丰富，英国人首先步入了似乎只在神话中才有的富裕社会。[①]”在这一阶段，以技术革新为动力源的机器大工业取代了以专业分工为主要动力的工场手工业，传统意义上依赖人口增长的经济发展与技术变革模式遭到淘汰，生产力进入自驱动发展阶段，机械化的生产体系促使生产增长率远远超过人口增长率，人类社会摆脱“马尔萨斯陷阱”的忧虑，进入了经济的快速发展时期。

第二，工业文明带来经济快速增长与物质富裕的同时，社会贫富两极分化加剧。自由竞争的市场经济的兴盛以及工业文明的大行其道所带来的社会后果具有双重性：一方面，经济自由在一定程度上设定了政府的活动范围就是制定合理的法律政策确保经济运行的有序性，除此之外，经济活动不受政府干预，而行为主体能够在市场范

---

① 刘金源．现代化与英国社会转型［M］．北京：生活·读书·新知三联书店，2013：118.

围内自主经营、自负盈亏、自由交易、等价交换，自由竞争不仅成为经济生活的主要调节机制，也进一步改变着人们对财富、金钱的认知，人们从传统意义上将金钱、财富视为“洪水猛兽”“堕落之源”转变为对物质财富的极力推崇、对财富拥有者的无限敬佩。可以看出，自由竞争与工业文明使社会摆脱物质贫乏与资源短缺的状态，人类个体从被动压抑走向关注自我并追求个性解放，激发出人们追求财富的无穷欲望，使社会发展充满活力与机遇。另一方面，由自由竞争所带来的社会财富的增加、聚集加剧阶级的分化。伴随工业革命的完成以及市场经济的繁盛发展，机器大工业时期的社会经济状况与工场手工业时期截然不同。首先，机械化、专业化与集中化的经济发展模式加速了物质财富的聚集，而由物质财富的差别所产生的阶级分化也日益鲜明。曾任英国首相的迪斯雷利认为此时的英国被分裂为穷人与富人两个民族，恩格斯也深刻地指出，大工业就是“用机器代替了手工工具，用工厂代替了作坊，从而使从前的大商人变成工厂主；它排挤了小资产阶级，并把居民间的一切差别化为工人与资本家之间的对立。①”其次，从整体上来看，城市化、现代化、工业化的社会发展进程造就了以物欲的满足为基本诉求的单一生活目标。“这次变革并没有建立起一个更幸福、更合理、更富有自尊心的社会，相反，工业革命使千百万群众身价倍落，而迅速发展出一种一切都为利润牺牲的城市生活方式。②”最后，经济利益矛盾使得社会冲突加剧。正如克拉克所说的：“冲突，而不是田园牧歌式的安宁，是英国漫长的18世纪里为人熟悉的经历，将英国的旧秩序

① 马克思，恩格斯．马克思恩格斯全集（第2卷）［M］．北京：人民出版社，1957：296.

② 钱乘旦．工业革命与英国工人阶级［M］．南京：南京出版社，1992：35.

描述为静止的、平静的、简单的、意见一致的，在财富和地位上没有冲突，是幼稚的感情用事。[①]”这里所谓“漫长的18世纪”，指1660～1832年的历史，他从1688年光荣革命回溯到1660年主要是为了强调英国社会的连续性、整体性和一致性，这一时期被他称为旧制度、旧秩序下的社会。这一阶段也是英国古典政治经济学由兴盛走向衰败的历史时期。

二、政治变革：道德观演化的“风向标”

经济转型是基础，但对道德观的演进产生影响并在很大程度上引导其方向的是政治制度及政策等相关因素。从整体上看，17～19世纪英国通过政治变革形成稳定政治秩序，阶级结构实现分化与重组，与之相伴随的，人们的政治价值诉求也必将发生重大变化，权利意识得到扩展、自由意识随之增强。

第一，英国实现由混合宪政的政治体制走向议会民主制，稳定的政治秩序逐渐形成。长期以来英国政治生活的一个主要内容就是王权与议会之间的冲突与斗争，早在13世纪，英国的大宪章运动就试图以宪法文件的形式限制国王的绝对权力，确立法律的权威和地位，但直至16世纪，上议院一直在议会中发挥着更为重要的作用，很少与国王的统治发生冲突，因此，议会仅是政府的附属机构，难以独立地发挥作用。到16世纪末17世纪初，随着新兴资产阶级和从事生产经营活动的新贵族在经济力量上的发展壮大，王权阶层的特权经营及专制统治逐渐走向崩溃的边缘，以新贵族为代表的新兴力量以及与之有

① 克拉克.1660—1832年的英国社会［M］.姜德福，译.北京：商务印书馆，2014：32－33.

着共同利益需求的资产阶级为摆脱封建特权阶级及等级制度的奴役与束缚发动的17世纪的英国资产阶级革命确立了英国的君主立宪制政体。光荣革命通过的《权利法案》进一步削弱国王和旧贵族的权力，使得议会权利得以确立，经由一系列的革命与抗争，议会与王权之间的权力争夺朝向固定化的方面发展，即议会的权力逐渐提升，而王权走向衰弱，英国进入相对平稳的历史发展时期。到了18世纪60年代，采用资本主义经营方式并进行技术改良的贵族地主阶级仍然是政治上的统治阶级，在议会中资产阶级无力与贵族地主阶级相抗衡，工商业的利益遭到排斥与压制，激进派极力要求政治权力以制止贵族地主阶级对议会的垄断。随着资本主义的深入发展以及工业革命的到来，英国政治局面开始动荡不安，党派斗争激烈，社会矛盾尖锐，从整体上看，18世纪英国的政治制度虽不是现代意义上的民主，但也不是传统意义上的专制，多元的政治制度为多元化的利益格局提供了保障。

第二，由稳定森严的贵族等级社会走向阶级社会，社会阶级结构分化并重组。汤普森认为，“封建时代是一个没有资本的时代。唯一的资本，是土地，而土地是固定的，不是移动的；这一事实，是社会结构在封建社会里之所以具有静止状态与固定性的主要原因。①”因此，封建社会由人对土地的人身依附所形成的经济强制关系使得其呈现出封闭、稳定、保守的社会形态，资产阶级革命虽然实现了从封建社会向资本主义社会的转变，但是建立起的君主立宪政体却是资产阶级与封建贵族相互妥协的产物，托克维尔对英国当时的政治特征做出精辟概括，“18世纪的英国，尽管其中有若干重要的民主因素，但它

① ［美］詹姆斯·汤普森．中世纪经济社会史（下册）［M］．耿淡如，译．北京：商务印书馆，1997：323.

实际上是一个贵族国家，因为它的法制和习惯向来是按照贵族的要求建立起来的，并随着时间的推移而逐渐占据了统治地位和依照自己的意志去指导公共事务。[①]”随着城市的兴起及商品经济的发展，城市市民阶级作为新兴的社会力量逐渐发展壮大，“从政治意义上说，城市的出现和居民在城市中的聚集意味着西欧封建社会中一种体制外的异己力量的产生。开始时，这种异己力量还是微弱的，但随着商品货币关系的发展和城市经济力量的壮大，城市居民作为西欧封建社会的体制外的异己力量的作用越来越明显。[②]”尽管如此，这一时期贵族地主阶级与资产阶级以及中下层劳动人民之间的矛盾仍然是社会的主要矛盾。到了18世纪末19世纪初，受法国大革命、美国独立战争的影响，进而伴随着社会的进步与权利意识的觉醒，英国政治冲突的基础发生重大变化，土地已经不再是财富的唯一来源，资本、技术、知识等多种生产要素的重要性日益凸显，在经济上占据优势地位从而掌控国家权力的贵族地主阶级在工业革命的浪潮中相形见绌，资产阶级走向财富的顶峰，以工场主、工匠、律师、专业技术人员为代表组成的中产阶级迅速崛起，新阶级的出现、生产方式的改变以及财富创造的多元化渠道打破了原有的社会格局，传统的、封闭的以家庭出身与社会地位为衡量标准的等级制社会结构被以经济利益为主导的、流动性增强的阶级社会结构所取代。19世纪中叶以后，伴随机器大工业的发展以及生产力的飞速前进，英国国内阶级关系发生重大转变，资产阶级和无产阶级之间的矛盾逐渐上升为社会的主要矛盾，“在大不列颠，财产同劳动已经完全分离。因此在其他任何一个国家中，组成

① ［法］夏尔·德·托克维尔．论美国的民主［M］．董国良译．北京：商务印书馆，1988：85.

② 厉以宁．资本主义的起源［M］．北京：商务印书馆，2004：81.

现代社会的两个阶级之间的战争都没有这样巨大的规模，没有这样清晰可见的轮廓。[①]”阶级关系和阶级斗争的变化引起政治结构发生相应改变，政治变革向民众获得更多参与权的方向发展，权利意识的增强必然带来价值观念的变化。

第三，政治价值的基本诉求发生重大转变，由追求以法律制度的形式保障个人自由免受伤害的消极自由转向争取平等的政治权利的积极自由。17～18世纪，随着资本主义新经济形式的出现，自由主义成为英国主要的价值取向，新兴资产阶级意识到单纯地依赖经济优势并不能满足他们的利益需求，特权阶层钳制、阻碍着资产阶级的利益满足及进一步发展，在此情况下，以资产阶级为代表的新兴社会阶级要求将自由从经济领域拓展到政治领域，并将此作为评判政府合法性的主要依据，他们认为政府及社会存在的目的是保护个人的生存权、自由权以及私有财产权，一旦政府违背人民意愿侵犯个人权利，人民有权推翻政府的统治，而为了维护个人自由权利不受侵犯，在政治上应当实行分权制，并通过宪政及法律制度的形式确立政府的权限范围，便于对公民具有的反对政府任意侵害自身利益的政治权力予以确认。自由党理论家爱德华·米耶尔就认为：“将选举权扩展至全民范围，并非鼓励人们反抗，这恰恰更为切合人性的本质特征，从而为民众智慧的提升以及道德状况的改善起到激励作用，并且在短期内能够使教育得到大幅度的提升，维护社会秩序，乃至改变宗教状况。[②]”伴随资本主义的发展、资产阶级与无产阶级矛盾的加剧，社会上出现了新兴的空想社会主义思潮以及无产阶级革命运动，无产阶级不仅提

① 马克思，恩格斯．马克思恩格斯选集（第2卷）［M］．北京：人民出版社，1972：76.

② Eccleshall，Robert. British Liberalism：Liberal Thought from the 1640s to 1980s［M］. London：Longman，1986：117.

出缩短劳动时间、提高工人工资、改善工作环境等具体的经济要求，更将矛头直指资本主义的政治制度，要求扩大公民的政治权利。

三、文化变迁：道德观演化的“助推器”

科学文化的进步与发展，是道德进步的重要条件。17～19 世纪，欧洲文化处于繁荣发展时期，文艺复兴以及苏格兰启蒙运动等多元文化思潮的兴起促使人文主义、人本价值得到凸显，社会性特征受到珍视，人的精神、内心世界受到关注。然而，新旧文化转型也带来价值迷失、文化焦虑以及对传统信仰的质疑。

第一，英国社会由神权文化转向人权文化，人的地位、价值得以凸显；人们将对自然科学领域的认识拓展到社会科学领域，经验主义与理性主义相结合成为这一时期思想文化领域的典型特征。从欧洲文化发展史来看，14～16 世纪的文艺复兴运动在最早产生资本主义萌芽的意大利兴起，显示出着资产阶级摆脱封建专制与神权束缚，发展资本主义经济的强烈愿望与要求，也标志着西方神权文化向人权文化的转变。以德国哲学家文德尔班为代表的史家将文艺复兴划分为人文主义、自然科学两个历史阶段。第一个阶段，文艺复兴作为欧洲思想文化领域的一场新文化运动，“同中世纪的基督教和经院哲学思想截然对立的思想价值体系，成为文艺复兴时代精神的象征，是人性哲学和价值观的代名词，同时也是近代精神的启蒙。[①]”这一精神的启蒙促使人的价值观念及生活方式发生重大变革，这种改变主要表现在人性的解放、自我意识的觉醒、主体性地位的凸显以及对人的尊严、自

① 布克哈特．意大利文艺复兴时期的文化［M］．何新译．北京：商务印书馆，1979：14.

由的追求，将人从克己禁欲、向往虚无缥缈的来世美好生活回归到释放欲望、获取现世生活的满足。第二个阶段，伴随对宇宙奥妙及规律的探寻以及自然科学的发展，人们破除了对神秘的自然界的诸多禁忌，衍生出对于人与自然、人与社会之间关系及人自身的新认识，即自然具有丰富的资源和无限的潜力，人类掌握自然规律，可以改造自然界、创造新事物。在这一时期，自然科学领域的研究实现了理性与经验的统一。伴随 17 ~ 18 世纪自然科学的蓬勃兴盛，人们逐渐意识到凭借科学知识和理性也能够认识现实世界并能认识到建立在此基础之上的抽象世界，知识理性、科学理性日益占据主导性地位，但是与法国及欧洲其他国家的思辨理性主义不同，“在英国，人们比在任何其他国家都更习惯于通过感觉而达到科学，而不是通过单纯的抽象思维去达到科学。想象是建立在经验基础上并且往往是具体而形象化的。[①]”他们认为任何天赋先验的理性都脱离人的实践而抽象性存在，这种主观的认识并不是万无一失的。因此，英国人对任何未被经验证明的事物，都习惯于用一种冷淡的、漠然的态度对待，绝不像有些民族那样轻易地热烈拥抱一种新理论或扑向一种新事物。[②] 可以看出，人们对传统的先验理性思维提出质疑，感觉经验与理性思维相结合是这一时期英国思想文化的典型特征。但正如萨拜因说的：“哲学理性主义传统和自然法体系是 18 世纪最具代表性的创造，然而在整个 18 世纪却又处于逐步衰落的过程之中。[③]”

第二，人类由自我蒙昧走向对自然世界、人类世界以及精神世界

---

① 钱乘旦，陈晓律. 在传统与变革之间——英国文化模式溯源 [M]. 杭州：浙江人民出版社，1991：341.

② 钱乘旦，陈晓律. 在传统与变革之间——英国文化模式溯源 [M]. 杭州：浙江人民出版社，1991：345.

③ 萨拜因. 政治学说史（下册） [M]. 盛葵阳，崔妙因，译. 北京：商务印书馆，1986：668.

的认知能力及其限度的高度自觉，人文主义及个人主义思想日渐凸显，人的社会性特征受到珍视。从社会文化的层面来看，英国真正摆脱蒙昧状态，走出神学的框架始于启蒙运动时期，启蒙运动是继文艺复兴、宗教改革之后对人类历史产生重大影响的又一思想文化解放运动，也是人类精神的一次彻底解放。就知识创新、思想影响而言，启蒙运动主要指 18 世纪由法国知识界引领的启蒙运动以及由苏格兰城市精英领导的启蒙运动。二者基于以卢梭为代表的先验论以及以洛克为代表的经验论的不同研究路径呈现出截然不同的理论认知，与法国崇尚理性至高无上的启蒙思想不同的是，英国在强调人的理性重要性的同时，关注人的主观感受及心灵世界。对于英国而言，启蒙时代的人们，无论是理性主义倾向的思想家还是情感主义倾向的思想家，无论他们之间的分歧与差别如何深刻，看上去如何不可调和，都截然不同于以往。他们具有对人类自我认识能力及其限度的高度自觉和自信，甚至怀疑主义和不可知论也可看作是总体上和谐的启蒙大合唱的一个必要的声部。① 因此，苏格兰启蒙运动作为这一时期英国文化繁荣的典型代表，对于实现英国文化从传统向现代的转型发挥了关键性作用：其一，人文主义走出神学的阴霾，走向世俗世界。人们彻底摆脱神权和君权对身体和心灵的双重束缚，人的自我认识实现高度自信与自觉，在自然界及人类世界中的中心地位得以确立，真正实现对自身事物的主宰，而人成为主要的研究对象，人文主义受到重视与推崇。如罗布迪所指出的："这些苏格兰学者格外珍视优雅的学识和人道与人文主义价值观，如世界主义、宗教宽容、社交欢愉和道德与经济进步。②" 其二，传统意义上依附于君主的政治共同体被打破，独

① 布罗迪．苏格兰启蒙运动［M］．贾宁，译．杭州：浙江大学出版社，2010：总序．

② 布罗迪．苏格兰启蒙运动［M］．贾宁，译．杭州：浙江大学出版社，2010：4.

特的个人主义传统逐渐形成，人的社会性特征受到珍视。传承这一时期个人主义思想的哈耶克就认为，“个人主义者的论断的真正基础是，任何个人都不可能知道谁知道得最清楚；并且我们能够找到的唯一途径就是通过一个社会过程使得每个人在其中”①，都能够尝试和发现他能够做的事情。因此，从本性上来说，人是社会化的产物，总是存在于一定的社会关系之中，从社会中实现利益的满足、找寻自身的价值。苏格兰启蒙思想家更是在对社会契约论批判的基础之上，指出人的社会性不是源于人的理性化的选择，而是出于人的本能、欲望以及情感，而且人的社会性特征对行为方式的形成、道德判断等方面发挥着至关重要的作用。

第三，旧的由伦理价值规范支配人类社会生活的传统秩序被摧毁，而与新型商业社会发展相适应的价值规范尚未完全形成。在新旧时代的更替中，人们从工场手工业时期对发展潜能的乐观主义认识逐渐转变为对工业文明形成的同质社会的悲观主义忧虑。历经新航路的开辟引领的对外贸易的拓展、自然科学的发展带来的科学技术的进步、新思潮的兴起实现的人类思想彻底解放以及市场经济的兴盛与发展，传统农业社会中形成的封闭的、等级性的、高度稳定的社会秩序逐渐被市场经济所追求的开放、自由、不断创新的新型商业社会所取代。随着自由交换与市场贸易的繁荣发展，与之相应的保守的、单一的、主导人类一切生活领域的伦理价值规范面临土崩瓦解，展现在人类面前的新的商业社会形态，“对许多人而言，一切皆为光明——理性和自然的光明。依据自然的法则——伦理、审美、政治、历史的法则——人们可以建立像一个合理的社会化一种美好、优

① 哈耶克．个人主义与经济秩序［M］．贾湛，译．北京：北京经济学院出版社，1989：15.

雅的文化来。[①]”然而，工业文明带来了表面的物质繁荣，却没有带来想象中的有尊严的、体面的社会生活。一方面，由社会分工所引起的人的单向度及片面化的发展在机器大工业时代愈加突出，社会呈现出同质化的发展倾向；另一方面，人的精神世界为物质世界所遮蔽，对物质财富的疯狂追逐成为社会生活中的主导力量，经济领域的生产力标准上升为社会生活诸领域是否具有合理性的评判依据，伦理道德的缺失使得经济生活丧失价值的引导与适度的制约，商业社会所激发的不受制约的人类物欲以及由不完全竞争所主导的市场经济存在其内在的致命缺陷，人的短视行为、市场的不公平竞争以及享乐主义、拜金主义甚嚣尘上。托马斯·阿诺德就认为，到了19世纪中期，社会有为青年中存在着相互矛盾和焦躁不安的氛围，这种不安及矛盾不仅源于宗教信仰的问题，“更表现为对道德和知识等重大问题的质疑。在这些方面，那些几个世纪以前就已经解决了的问题，似乎再次引起了他们的兴趣，以至于他们会再次津津乐道于此进行喋喋不休的讨论和辩论。[②]”

第二节　古典经济学道德观形成的理论来源

任何新的思想理论的诞生绝不是凭空出现的。一方面，它总是奠基于一定的社会历史现实，又顺应时代发展的呼声。随着资产阶级革命的胜利以及资本主义市场经济的兴起，协调人与人之间的利益关系、化解社会冲突与矛盾，建立与新型的商业社会秩序、经济关系以

① 克莱顿·罗伯茨，戴维·罗伯茨，道格拉斯·R. 比松. 英国史（下册）：1688年—现在［M］. 潘兴明，等译. 北京：商务印书馆，2013：58.

② Stanley. Life of Arnold. From a Letter Dated October 5, 1838: 484.

及人文精神相适应的道德思维方式成为这一时期的思想家孜孜以求的理论目标。另一方面，它延续前辈思想文化的血脉，却又独辟其径。道德思想的发展与演化也不例外，正所谓“没有批判的继承，就不会有新学说的创立，这是人类思想文化发展的普遍规律，也是伦理思想发展的普遍规律”[①]。与从古至今的其他任何一个时期相比较，古典经济学的独特之处就在于它脱胎于道德哲学之外，却又孕育于道德哲学之中。古典经济学诞生之前，道德问题是历代思想家所探讨的必不可少的重要议题之一，它们或强或弱、或明或暗地以此为基础为其理论提供合理性的依据。因此，古典经济学从传统的道德哲学思想中汲取了丰富的养料。综合来讲，古典经济学的道德思想主要源于洛克与曼德维尔的经验主义功利论、从沙夫茨伯里到休谟的道德情感论以及边沁的功利主义思想。

一、洛克和曼德维尔的经验主义功利论

洛克的经验主义道德论奠定古典经济学的哲学基础。摆脱人生来具有先验理性的理论假设，从人的社会实践、生活经验的层面探讨道德的起源及本质是英国近代经验主义伦理学的共同特征。洛克作为英国经验主义伦理学的典型代表人物，他的自然法思想及苦乐主义道德理论对古典经济学产生深远影响。马克思曾精辟地指出：“洛克是同封建社会相对立的资产阶级社会的法权观念的经典表述者；此外，洛克哲学成了以后整个英国政治经济学的一切观念的基础。[②]”在《人类理解论》中，洛克从经验主义的立场出发，指出人通过外在感知

---

① 宋希仁．西方伦理学思想史［M］．长沙：湖南教育出版社，2006：245.

② 马克思，恩格斯．马克思恩格斯全集（第26卷）［M］．北京：人民出版社，2012：393.

和内在反省获得简单观念，借助理性对简单观念进行比较、推演，从而“人们实在应该满足上帝所认为适合于他们的那些事物，因为上帝已经给了人们以‘舒适生活的必需品和进德修业的门径’”①。在这里，洛克实际上阐明人们凭借理解力形成对适合自身事物的理性认识，进而追求真正属于自己的利益并进行道德实践。洛克还对天赋道德观念进行了深刻的批判，他认为人的道德观念、道德原则不是天赋的，而是受日常生活经验、传统习俗以及社会权威等因素的影响逐渐形成的，因此道德观念与道德原则是环境及教育的产物。人们之所以接受这些后天形成的道德规则乃是因为它满足人们的欲望，对人们有用。在洛克看来，善恶产生快乐或痛苦，从而引发人们的情感，因而善就是能够引起或增加快乐、消除或减少痛苦的东西；与此相对应，恶就是引发或加剧痛苦、抑制或减少快乐的东西。那些能满足人的欲望、对人有利的事物带给人愉悦的情绪体验，不能满足人的欲望、对人有害的事物则使人痛苦或不安。洛克就是在这个意义上指明利益与道德之间的密切联系，这也反映出他的经验主义与功利主义的理论倾向。以此为基础，他还进一步指出基于利益的满足所尊崇的道德原则不能促使人们形成对道德原则与规范本身的永久性认同，当时过境迁，遵守该道德原则不能满足人们的利益时，人们就会放弃遵守该原则。因此，与利益满足相关的道德原则具有主观性和相对性，不能成为普遍的道德衡量标准，而自然法才是衡量事物是否真正具有道德价值的标准。在这里，洛克虽然没有对自然法进行明确界定，但是他却将自然法视为人类应该遵循的最高准则，其目的在于维护和平避免伤害，他的财产权理论也是以此为基础建立起来的。洛克强调，“个人

① 洛克．人类理解论［M］．关文运，译．北京：商务印书馆，1983：3.

的利益虽然不是自然法的基础，但是人类的公道却并不与每个人的利益相敌对，正是自然法对每个人的财产提供最强烈的保护。离开对自然法的遵守，任何人都不可能成为自己财产的主人，无法追求自己的优势。[①]”可以看出，洛克赋予个人自由、自主地追求正当利益以合理性，但他认为功利仅是道德的结果，不是道德的基础。

作为18世纪具有独创性贡献的哲学家与经济学家，曼德维尔关于自利行为与商业社会的论断奠定了古典经济学有关经济行为的动力原理以及利益分析的基础。他指出自利对社会发展的驱动作用并提出商业社会中自利与公益自然统一的思想。曼德维尔对传统宗教、伦理秩序中的禁欲主义以及沙夫茨伯里倡导的美德与新型商业社会不适宜的思想进行批判，进而从经验生活的层面揭示出商业经济运行的基本原理以及行为主体对于利益的追逐奠定个人以及社会发展的基石。“他在《蜜蜂的寓言》中比那个时代的任何其他人都更明确地阐述了古典经济学家用于建构其体系的若干基本假设和信念。……18世纪道德哲学的主要贡献是建造一座桥梁，一端搭在自利的经济人上，另一端搭在‘社会福利’或‘公共利益’上；并表明，在强制性的行为限制中，个人为追求自身利益的行为可能会推进整个社会的福利。曼德维尔就是其中的主要建筑者之一。[②]”概括来讲，曼德维尔对于商业社会秩序中的经济与道德关系的探寻主要有两点：其一，论证人类追逐私欲的经济行为、追求世俗的感官快乐具有合理性，道德并不是独立于私利之外的。他认为古典道德思想中的美德理论主张的节俭、自制限制了商业的发展，欲望与激情才是经济繁荣的背后推动

① Goldie, Mark. Locke Political Essays [M]. Cambridge: Cambridge University Press, 1997: 127.

② 曼德维尔．蜜蜂的寓言——私人的恶德，公众的利益［M］．肖聿，译．北京：中国社会科学出版社，2002：1.

力，正是在私欲的驱使下形成的分工、奢侈消费以及自由放任实现了物质繁荣和技术进步，每个商业都包含有恶的成分，并不是像斯多葛派所认为的商业是中性的。在曼德维尔看来，对多数人而言，很难如奥勒留所陈述的那样冷静地看待自身的私利，因为到底何种事物能够取悦于人依赖于人们所处的环境，并且是建立在个人审美的基础之上的。曼德维尔指出道德和审美随生活环境的变化而变换，因此“在道德中没有更大的确定性”，美德并不像斯多葛派所认为的那样独立于私利之外。曼德维尔引用了西塞罗对斯多葛哲学的批评，指出斯多葛的主张是超越于人类本性的实践能力之上的严格的道德。相反，曼德维尔采用伊壁鸠鲁派的快乐概念，但又批判它过于严苛，他断定真正的快乐只是感官和世俗的，而与斯多葛的自制美德相比，这种世俗的快乐就是恶的。其二，经济主体对自利的追求自动转化为社会公益的实现，经济自由、市场交换是“私欲即公益”的实现条件。在他看来，经济自由涵盖密不可分的两个方面：一方面是政府不干预的有利社会后果；另一方面是个体逐利行为自发产生社会公益。他认为在商业社会中，通过交换与竞争能够实现个人利益最大化以及市场经济的井然有序，“而且，最后社会的整个秩序以至于我们称为文化的一切东西皆为个人活动的结果。个人的活动并非以这样的结果为目的，但是却凭藉并非有意发明的、因体验出有益而保存、发展起来的制度、习惯、规则等而导向有益于这样的目的。①”

二、从沙夫茨伯里到休谟的道德情感论

在英国近代情感主义伦理思想史上，通过对以洛克为代表的经验

---

① 哈耶克．个人主义与经济秩序［M］．贾湛，译．北京：北京经济学院出版社，1989：9.

主义道德论、以霍布斯为代表的理性主义道德论进行的理论批判以及对纯粹利己主义带来的现实困境的深刻反思，沙夫茨伯里对道德的产生与发生机制、人的本性进行了更为深入的思考与探索，他从心理情感的角度提出了不同于前人的道德理论，为道德基础、行为评判依据的论证提供了新的思维路径。沙夫茨伯里认为宇宙是由生命有机体组成的统一体，生命原则是宇宙运行的基本原则。人类社会以伦理秩序作为基本的调节机制，作为宇宙的重要构成部分的人类社会的伦理调节与宇宙的生命原则相符合。因此，人类社会的运行也遵循生命有机体原则，而所谓的生命有机体原则就是“均衡与和谐的美的原则”。沙夫茨伯里在《人、习俗、意见及时代之特征》中阐述了美感和道德感思想，他认为美感是人的社会性之源泉，而道德感源自对美的共同认知，通过外在现象的和谐与美激发人们内在的美感与道德感。沙夫茨伯里认为，对于行为的善恶评价不能仅仅依据行为所带来的社会后果，更应当关注引起行为的意向或情感。道德的善恶可以依据导致行为的道德感进行评判，而所谓的道德感就是人天生具有的辨别善恶美丑的内在感官能力。在他看来，人对于善恶的感知与对和谐的、相宜的美的感知是密切相关的。因此，他通过“均衡与和谐”的美的原则对人的情感倾向进行审视。他将支配人类行为的情感分为三类：有益于他人或社会的自然情感、有益于个人的自我情感以及既有害于社会也有害于个人的非自然情感。显而易见，非自然情感既不利于社会，也不利于个人，必然是恶的，而过度的自然情感可能产生一定的社会妨碍，既带来沉重的社会负担也不利于个体的自立自主，只有保持在适度范围之内的自然情感才能产生真正的利他性；注重个人利益的自我情感可能导向善也可能产生恶，那些适宜的自我情感就能获得社会的认同，而贪婪、奢华、损人利己等“过犹”或胆怯、懦弱等

“不及”的情感则会有害于个人乃至社会。由此看来，沙夫茨伯里强调利己的自我情感不能成为道德的基础，而利他的自然情感天然地与道德密切相联。利己与利他都具有其自身的合理限度，适宜的自然情感与受到约制的自我情感趋向于实现完美的和谐。沙夫茨伯里从情感的社会性的角度对个人自利及利他之间的统一与和谐进行了乐观的估计，但是他忽略了人的现实的社会生活及社会关系，从而对于利己与利他之间的客观矛盾缺乏应有的考量，他关注人类情感在道德中的价值以及道德与理性的结合促进德性的思想，对哈奇森以及休谟产生了重大影响。

在哈奇森看来，美感与道德感是统一的。他在《论美与善的观念的根源》中从这个角度详细阐述了沙夫茨伯里的思想，他运用斯多葛派将美视为独立性的概念，其目的在于批判孟德维尔提出的美依赖于环境的论断。哈奇森试图说明快乐来源于对象的美而不是起因于任何对象的效用、前景优势或者对利益的感知；相反，它来自能立刻触动人类心灵的美和和谐的理念自身。利己主义者可能出于多种原因追求美的事物，但是从美的事物以及出于追寻美的动机采取的行动中获得直接快乐的道德感却不依赖于私利。与沙夫茨伯里不同，哈奇森认为人所具有的外在感官与内在感官之间有着显著的差别，外在感官判断事物对自身有利还是有害，而涵盖了内在想象力、公共利益感、道德感及荣誉感的内在感官则判别事物的善恶美丑等价值属性，指向他人利益与好处的公共利益感与荣誉感皆可以归结为仁慈的道德感，因此道德感是内在感觉的核心。“假定我们从两个方面获得了同样的利益，其中一个是由于我们有共同的好恶及爱我们之心；另一个则出自自私自利之观点或处于勉强，那么在这种情形中，虽然二者同样地有利于我们，所以我们对道德行为的一切知觉，必定不同于那些对于利益的知觉。我们把接受这些知觉的能力，称为道德感。[①]”依据哈奇森的观点，道德感是无关个人利害的人的本能，个体之间的道德感存在差异性的原因就在于知识水平以及理性能力的参差不齐，随着人的知识精确性的增强以及理性能力的提升，人的道德感逐渐趋向一致。人们对自身利益的关注有其存在的合理性与客观性，但却不具有道德性，关注他人或公共利益的仁爱才能获得人们的赞赏与认可，从而产生强烈的、持久的快乐。因此，他将激发人类普遍的、崇高的道德情感的仁爱原则看作道德判断的真正标准与依据，身处和平稳定环境中的哈奇森对人性中的道德情感进行乐观的估计，进而将仁爱推崇到至高无上的地位，这导致他的道德思想具有超越现实个人利益的理想乌托邦色彩。

在道德情感论的基础上，哈奇森尝试性地探究了两个方面的问题：其一，功利与道德的关系。哈奇森认为道德源于人的情感，功利本身不具有道德属性，因此不对纯粹的功利行为进行道德权衡，只有在道德行为的范围内进行的功利计算才具有道德价值，而最好的道德行为是能够带来“最大多数人的最大快乐”，最坏的道德行为则是导致“最大多数人的最大痛苦”，因此，道德情感是衡量品行善恶的唯一标准，而以快乐原则为主要内容的功利标准则是评价道德行为程度高低的依据。其二，行为动机、行为后果与道德评判之间的关系。哈奇森力图化解行为动机与后果在道德判定中的冲突与矛盾，他通过对自爱、仁爱与道德之间关系的阐述，表明只有出于仁爱动机的行为才具有道德的意义与价值，确立了动机在评判道德行为中的决定性地位，他又将行为后果视为道德总量的衡量标准，道德行为产生的功利

① 周辅成．西方伦理学名著选辑（上卷）[M]．北京：商务印书馆，1964：784.

性社会后果愈显著，道德层次就愈高。“在哈奇森看来，任何不是出于道德动机的行为都不是道德行为，在功利主义者看来，任何不能给人带来实际功利的行为都不是道德行为。[①]”从动机与效果相结合的角度来看，哈奇森摆脱了传统意义上单纯从动机进行道德行为考量的局限性，他将效果纳入道德考量的范围之内，从而形成了功利论的理论雏形，但他的功利思想与功利主义有着根本的不同。

休谟继承并发展了沙夫茨伯里以及哈奇森的道德感思想，他以人性论为出发点，系统地阐释了道德的来源、本质内涵并从人与社会现实关系的层面深入探讨了道德感的运行机制，建立了一套完整的道德情感论思想体系。在对理性与情感进行严格区分的基础上，他指出道德源自情感而不是理性，虽然理性与情感都是人性的内容，理性对人的行为也发挥作用，但理性仅仅关注事实真相，它的功用在于辨明事情真伪，为情感判断指明方向；情感则是判断主体对人的行为或品质投以赞许或谴责的心理感受，并以此为依据做出善恶的价值评判。与先前的道德情感论思想家相比，休谟道德思想最为鲜明的特征就在于他不仅探讨道德理论，更为关注道德价值的普遍性与实用性。休谟关于道德理论的普遍性与实用性论证主要体现在他对于情感与功利在道德判断中的功用的探讨。实际上，休谟心目中有两种假设的评判标准，即功利的和情感的标准。在他看来，前者是客观的、理性的，后者则是主观的、情感的。[②] 而这两种标准都发挥着作用。

尽管这种二元论的道德评判标准使得休谟的道德立场模糊不清、摇摆不定，但是对于如何实现道德原则从特殊走向一般、从单纯的理论层面推向实践层面，休谟却做出了开创性尝试。其一，通过对人类

---

① 杨通林. 哈奇森［M］. 昆明：云南教育出版社，2010：93.

② 宋希仁. 西方伦理学思想史［M］. 长沙：湖南教育出版社，2006：319.

共存的同情感的分析，他将道德的属性从精英化层面延伸到了大众化层面，实现了道德行为主体与关涉对象从特殊化向一般性的转变。在传统认知上，有利于社会的自然情感或者仁爱情感才是道德的核心内容，休谟则从心理学层面揭示出人所普遍具有的同情共感的自然情感，并将其视为道德的核心内容，他进一步提出旁观者理论是化解个体情感差异性与道德要求普遍性与权威性的关键。“人们对一个行为或性质借同情在自己心中引起同样的痛苦或快乐的情感，同等的厌恶或爱好的情绪，因此产生对此行为或性质共同的赞成或反对的‘道德感’。[①]”这种同情感就是人们通过自身的想象力对他人的行为或品质产生的快乐或痛苦的情绪体验，以及因此产生赞成或反对的道德情感。从这个层面上来讲，休谟的同情原则拓展了传统意义上道德主体与关涉对象的适用范围。就道德主体而言，它不单单涵盖拥有仁爱情感的品质高尚者，而且包括具有道德想象力的所有个体；就关涉对象而言，它不仅关涉与自身密切相关的亲人、朋友，而且还包括与自身毫不相关的陌生人。其二，基于人的现实社会关系，以利益冲突为分析的逻辑起点，探寻生活在社会中的任何群体或个人都能遵守的道德原则或规范，而正义原则就是人类在社会实践中必须遵循的道德原则。他认为，自私与有限慷慨是人之自然本性，而现实中还存在自然资源相对匮乏的外在障碍，这就使得人与人、人与社会之间的利益矛盾与冲突普遍存在。但是人的自然情感本身却不能克服自私的人类本性，只有借助于外在的人为措施和制度设计才能实现利益的协调与统一，“因为人人都同社会有着牢固的联系，都察觉到自己不可能独自生存，因此，他们才逐渐赞成所有那些促进社会秩序、保证他们平静

① 唐凯麟. 新伦理学流派概述［M］. 长沙：湖南师范大学出版社，2006：126.

拥有那样可贵的赐福的习惯或原则”。[①] 人的社会性特征为人与人、个人与群体之间达成妥协与合作提供可能性条件，人类基于维护利益不受他人侵犯的共同利益感缔结契约，达到约束人的自私本性、实现共同利益的目的，由此产生了正义与不义的分界线，遵守契约的行为即是正义的行为，反之，则是不义的行为。休谟从经济利益的层面将正义看作处于特定历史阶段中的人类社会必须遵循的基本的道德原则，从而赋予道德原则与规范以普遍性。综合来看，同情和正义原则是休谟道德思想的核心内容，功利则因其具有的工具性价值也成为道德判断的标准。休谟把功利原则运用于道德哲学和政治哲学领域，他的功利理念还被功利主义者所接受和采纳。[②] 可以说，休谟游走于情感与功利之间的道德理论对以斯密为代表的情感论以及边沁、穆勒的功利主义思想都产生了深刻影响。

三、边沁的功利主义思想

“功利”以及“功利主义”的系统表述最初出现在近代功利主义思想家边沁的著作里，但在他之前，哈奇森、休谟以及神学功利主义者塔克等思想家就有与此相关的论述，在边沁、约翰·穆勒之后，对古典功利主义做出经典阐述的西季威克又以理性直觉作为理论基础，力图化解功利主义遭到的论证缺失与逻辑困境的质疑，他认为功利主义是对常识道德做出的最好、最系统的证明，他将合理仁爱引入功利主义之中，指明功利主义不同于利己主义，从而将二者彻底区分开

① 休谟．道德原则研究［M］．曾晓平，译．北京：商务印书馆，2001：65.

② Rosen，F. Classical Utilitarianism from Hume to Mill ［M］. Routledge，London and New York，2005：29.

来，这样既克服了功利主义的论证错误，又将具有道德意义的人类行为问题的探讨推向实践意义的层面。而边沁的快乐功利主义思想无疑开创实证运用的先河。边沁 1776 年在《政府片论》中表明，休谟《人性论》“论道德”中的“一切善德的基础蕴藏在功利之中”的观点是他功利主义思想的灵感来源。而剥离掉神学功利主义中的宗教背景以及对宗教禁欲主义的批判则进一步促使他成为世俗功利主义的奠基人。边沁的功利主义思想主要包括以人的趋乐避苦本性为基础的苦乐原理、后果论以及“最大多数人的最大幸福”的功利原则三个方面的内容。

其一，苦乐原理是边沁功利主义的理论基础。边沁继承英国经验论的传统，从趋乐避苦的人性论的立场出发，认为人的一切行为都受苦乐原理的支配，追求快乐、避免痛苦既是行为的动机，也是行为的最终目的，他对快乐进行了数量、关涉对象两个方面的区分，他认为通过程度、强度、持续性等方面的数量计算可以进行不同快乐之间的比较与换算，而苦乐也包括关涉自身的与关涉他人的，可以看出，边沁重视个人苦乐与他人及社会之间的联系，并力图建立起与社会经济生活相适应的个人道德评价体系，但是他认为快乐只有数量的差别，没有本质的不同，却使他的苦乐原理拘泥于表象、陷入庸俗。

其二，以行为后果作为价值评判的标准。边沁明确地提出行为能带来什么用处是道德判断的标准，他认为，“唯一能使人们清楚地看到自己所追求的行为的性质的方法，就是向他们指出这些行为的功利或祸害。[①]”他通过人们力求实现快乐或抑制痛苦的目的、量化的快乐主义建立起后果论的分析框架。

---

① 边沁．政府片论［M］．沈叔平，译．北京：商务印书馆，1997：116.

其三，“最大多数人的最大幸福”的功利原则是其功利主义的核心内容。在《道德与立法原理绪论》中，他明确提出所谓功利原则就是指人们是否赞成某一行为取决于该行为是增进还是减少了相关者的幸福。在这里，功利原则涵盖两个层面的内容：一方面，个人幸福是一切行为的基本出发点。在边沁看来，个人是社会的基本构成单位，社会只是个人加总的虚构体，当每个人真正实现自身利益最大化时，社会利益即单个利益的总和也就最大化。另一方面，力图证明“最大幸福”才是政治制度、立法理论以及个人道德的最终检验标准。他指出，“凡有利益攸关的人们的最大幸福……是人类行为（各种情况下的人类行为，特别是执行政府职权的一个或者一批官员的行为）的正确适当的目标，并且是唯一正确适当并为人们普遍欲求的目标。①”可以看出，边沁将个人幸福视为社会幸福的基础，反映出资本主义自由竞争时期个人主义的基本价值取向，同时他还认识到个人幸福与他人幸福是相互关涉的，个人幸福的实现总是与利益相关者的幸福密切相联，因此他提出从社会层面加强立法约束和社会制裁，对个人的逐利进行限制以保障市场经济秩序的正常运行。

本章小结

古典经济学作为西方经济学的理论开端，最为鲜明的特征就在于它脱胎于道德哲学之外，却又孕育于道德哲学之中，二者存在紧密联系。古典经济学在取得独立的学科地位的同时，还具有丰富的道德意

① 周辅成. 西方伦理学名著选辑（下卷）[M]. 北京：商务印书馆，1987：211.

蕴。17～19世纪英国的社会转型与社会调节是古典经济学道德观演化的历史依据，多元化道德思潮的论争奠定古典经济学道德观形成的理论基础。

古典经济学道德观的形成与演化立足于英国社会转型的历史背景，经济关系、政治结构、文化意识的变化带来与人类经济活动、经济制度相关的行为规范、价值取向的转变。传统农业向现代工业的转变引起资本主义生产方式的变革，经济结构与经济关系也发生相应的变化，经济依附关系减弱，经济活动日益自由化。然而市场经济的兴盛以及工业文明的大行其道带来双重的社会后果，人们对财富认知的转变以及对自我利益的关注激发市场经济活力，使社会摆脱物质贫乏的同时，财富的聚集使得贫富分化严重、利益冲突加剧。政治领域的变革带来阶级结构的分化与重组，阶级矛盾发生变化，政治价值诉求随之发生重大转变，由追求以制度形式保障自由不受干预转向追求平等的自由权利，权利意识扩展、平等意识增强。科学技术的繁荣发展以及思想解放运动的兴盛使得人文主义、人本价值得到凸显，人性问题受到关注，而新旧文化的转型以及多元文化思潮的兴起也使传统的价值规范体系受到冲击，这就要求建立起与新型商业社会发展相适应的价值规范体系。

在这种变革与调整的历史背景中，无论是以洛克、曼德维尔为代表通过批判与回应理性主义提出经验主义功利论，从沙夫茨伯里到休谟通过人性分析提出道德情感论，还是边沁通过人类行为的价值评判标准的分析提出的功利主义，先辈思想家进行的有关人性、利益关系的协调、价值评判等方面的探讨无疑奠定古典经济学道德观形成的理论基础。

第二章　古典经济学道德观的开启

——斯密富国裕民经济学体系的道德属性

作为18世纪苏格兰杰出的道德哲学家、经济学家，斯密终其一生公开发表两本影响人类历史发展进程的传世之作《道德情操论》（1759）与《国富论》（1776），去世后，学界整理出版了他的《法律、警察、岁入及军备的演讲》（以下简称《法学讲稿》）。从思想史的角度看，斯密的思想体系对于西方社会从古典向现代的转变产生划时代的影响。其一，他批判性地修正了古典时期先验的理性自然法思想，从经验的层面揭示出人类社会秩序建构中的道德心理机制以及情感运行机理，开创性地将道德理论从虚无缥缈的德性至上论、道德相对主义转向个人底线道德及普遍行为规范研究，赋予道德理论以普遍性及现实可操作性；其二，开创性地赋予经济学独立的学科地位，以专门性的经济运行机理的规范分析取代依附于传统家政学、道德哲学的零散研究，以道德理论为基础开辟了一种理解经济秩序的全新的理论境界。更为关键的是，斯密的经济思想实现了由国富国强的经济体系向富国裕民经济体系的伟大转变。纵观其综合性的社会科学理论体系，“无论是单独看待还是总体看待，都是有机统一体。[①]”简而言

① Griswold, Jr. Charles L. Adam Smith and the Virtues of Enlightenment [M]. Cambridge: Cambridge University Press, 1999: 27.

之，斯密的经济学衍生于经验主义的道德哲学，其经济理论中蕴含着道德情感与自然法的逻辑主线。

第一节　“经济人”与“道德人”相契合：人性逻辑预设

近代以来，西方社会的研究重心发生了重大转变，即由传统意义上从国家或社会层面探究政治、伦理秩序的建构转向对个人权利、利益的高度关注。在斯密之前，孟德斯鸠、曼德维尔以及边沁等思想家都对利益在人类社会生活中的重要性做出了初步的探讨，但他们或者把自利看作一种纯粹的私恶行为，或者仅仅关注到自利个体的利益冲突，鲜有思想家专门细致地探讨行为体的利益关系问题，更没有揭示出自利行为在社会秩序建构中的意义与价值。斯密开创性地从经验主义的立场出发，以辩证的视角论证了生产主体“经济人”的自利行为的重大影响，同时对过度自利或滥用自利的行为进行批判。然而，斯密并不是将“经济人”视为孤立的单一维度的行为体。在他看来，“道德人”也是人之属性的构成部分，但他所谓的“道德人”不同于传统意义上从政治权力的层面进行的道德说教或超脱物质利益的纯粹的人性品格，而是指基于自然情感的社会道德调节。正是出于对自利的共同尊重以及自我约制，具有丰富意蕴的“经济人”与具有同情共感能力的“道德人”相契合。

一、“经济人”的基本规定

学界普遍认为，“经济人”作为抽象性概念，虽然没有明确地出现在斯密的著作中，却最初源起于他针对资本主义市场经济萌芽阶段的商品生产者、经营者的经济活动的分析所蕴含的人性假设之中，由此奠定了经济学研究的人性基础。斯密以“经济人”为经济学的逻辑起点，致力于阐释商业社会秩序的形成机制及运行原理。在他看来，商业世界不可能是霍布斯设想的“一切人反对一切人”的战争状态，也不是卢梭所谓“自然与文明分裂”的奴役状态，而是一个相互依赖的以交换为基本行为方式的文明状态，这种社会状态存在着竞争与合作两大基本问题。生活在商业社会中的人，是自然性与社会性、自利与利他的人性统一体。因而，斯密抽象的人性概念以系统的观念为基础，是作为系统的构成部分的人性统一体。

第一，自利是“经济人”行为活动的主要心理驱动力及基本出发点，它蕴含自然的自保欲望以及提升地位、获得尊重等情感、精神层面的需求。一般意义上讲，自利通常被理解为金钱至上、物质欲望、效用最大化以及本质上的物质主义。然而，斯密赋予自利更为广泛的意义，他所谓的自利既不同于为达目的不择手段的自私自利，也不同于欲壑难平、无限度地攫取利益的贪得无厌，他主要指人们对自我利益的关注。从最根本的意义上讲，“自利作为一个深刻的平等、民主观念，意味着只有少数人拥有等级特权，而利益却是人人都拥有的。……承认自利的正当性，就等于说对于所有的公民而言，无论其社会地位如何，他们的利益都值得关注。①”因此，“形成经济生活的秩序和支配经济生活的法则也是通过这种利己的冲动——如果它没有受到某种阻碍因素的妨碍——树立的。②”故而，抛开利己动机谈论

① Holmes, Stephen. Passions and Constraint: On the Theory of Liberal Democracy [M]. Chicago: University of Chicago Press, 1995: 63.

② 大河内一男．过渡时期的经济思想——亚当·斯密与弗·李斯特［M］．胡企林，沈佩林，译．北京：中国人民大学出版社，2000：98.

经济行为，是违反经济运行法则的主观臆想，也就偏离了经济秩序形成的基本依据。尽管自利通常被认为是经济增长和物质繁荣的主要驱动力，但是他的驱动概念比通常理解的有更多的层面，也更为复杂。对此，雅各布·维纳指出："对斯密而言，自利不仅指欲求财富，还包括各种形式的自爱。[①]"换句话说，"尽管在本质上人类心灵中的性欲与易怒部分都充满激情，但是人们欲望之间有着重大区别，一方面是身体的需要，另一方面是获取认同、尊重、尊严的社会和情感需要。二者作为人性中的必要成分以确保满足人类的身体和社会生存之需。欲望驱使我们提供适当的身体必需品；情感促使我们自我防卫免受伤害、维护在这世上的地位与尊严，使得人们致力于尊崇品行高尚的人。[②]"依据斯密的分析，情感或精神的欲望是一种区别于自我保存的自我关注的情感。灵魂中的喜爱平静、感官满意被视为情感的附属，为了实现社会认同、获得赞许，行为主体总是会推延当前的满足。

第二，"经济人"具备有限的理性。在承认人类经济行为受自利本性驱使的基础之上，谈及人类如何实现自我利益的满足，这就必然导致对人类理性的探讨。虽然在主流经济学的论述中，理性常常特指自利，但对"理性"的一种宽泛的解释则是个人根据其追求的目标或遵循的准则做出选择。因而，从严格意义上讲，理性不同于自利。在斯密看来，人不但具有自我保存、物种延续的生命本能，还具有超越于其他物种之上的理性能力与聪明才智，但人对感知世界的理解与认知能力是不完善的。人仅仅具有"有限的意志力"与"不充分的

---

① Viner, Jacob. Adam Smith and Laissez Faire [J]. Journal of Political Economy, 1927: 212 - 213.

② Hill, Lisa. Adam Smith on Thumos and Irrational Economic 'Man' [J]. History of Economic Thought, 2012: 1 - 22.

自制”，也就是说由于人性的脆弱及不完美，人们虽然意识到理性审视对于指导人类行为的重要意义，但并不能完全按照理性的要求行为，人类的行为还受到自然情感、习俗、社会关系等的影响，他虽然没有像休谟那样明确地做出“理性是且仅仅是情感的奴隶”的论断，但他承认自然情感与理性是互相关联的活动，“这些本能反应必须依赖——哪怕只是隐含地——对行为与结果间的因果关系的理智认识，而且直觉也可能在理性审思后发生变化。①”他认识到理性与情感在人类行为中发挥着相互补充的作用，经济学家赫尔希曼也有类似的论述，“利益的实现实际上包括了激情与理性的有机结合，自利激情受着理性的约束与改善，理性也被自利激情赋予方向与力量。人们普遍认为，二者的有机结合既能抑制激情的破坏性，又能避免理性的无效性。②”事实上，对于瞬息万变的外在世界及人类复杂的精神世界，人们难以全面地把握所有相关的知识与信息，总是需要将零散的、碎片化的信息进行归纳整理，从中推导出其规律性。与此同时，人们通常总是立足于特定的历史文化背景中去认识事物的现象的有关知识，难以超越历史相对主义的局限性从而不能够全面地理解事物的真实性或者本质属性。从这个意义上来讲，人不是全智全能的，仅仅具备有限的理性能力。

第三，良好的制度环境下，“经济人”的个人利益与社会利益相统一。在斯密看来，实现私欲与公益的统一依赖于两个关键性因素：动力原理及制度条件。其一，经济秩序的动力原理，即“不断改善自身境遇”的自然欲望作为人性中固有的部分，对所有的社会阶层

① 森．正义的理念［M］．王磊，李航，译．北京：人民大学出版社，2012：43.

② Hirschman，Albert. Passion and Interests［M］. Princeton，New Jersey：Princeton University Press，1977：43－44.

而言都是真实存在的，正是相对优势地位的欲求激发出人不断地追求“更好的”，这种强大的力量，即便面临奢侈的政府以及行政机构的最大过失，也足以保持不断改进的自然进步。也就是说，即便在自由缺乏、安全不足的条件下，追求自利的强大动力也能保持经济活力，促使社会繁荣富裕。对此，麦克库勒赫也声称，“深刻、持久、最广泛的兴趣是由社会范围内的欲望上升到一定程度所引起的，即为了达到富人积累财富的高度或者由富裕个体创造的社会制高点。[①]”其二，确立个人利益与社会利益统一的限定条件，即将良好的制度作为联结自利与公益的必要纽带。斯密明确地指出社会是在矛盾中向前发展的，人为法律既是实现自由、安全的基本价值取向的制度保障，也是自由、安全的人为障碍。因而，在自由、安全的实现依赖于不完美的政治制度的条件下，只能是不充分的自由。在这种制度环境中，个人利益的追求并不必然导致不同个体之间、个人与社会利益的彼此协调，正义的法律制度应当成为自然自由运行机制的制度基础。

二、“经济人”的道德性及局限性

新型商业社会形成时期，内涵丰富的“经济人”所具有的道德性主要体现在两个方面：自利追求的正当合理性以及与旧的生产力发展水平相对抗的历史进步性。在斯密看来，合理地追求自身利益具有完全的道德正当性。这是因为每个人都比任何其他人更适宜于照顾自己，所以，每个人应当以自己为首要的关注对象。[②] 这里毋庸置疑的

① McCulloch, John, R. The Principles of Political Economy [M]. New York: Augustus M. Kelley, 1965: 198.

② 斯密．道德情操论［M］．谢宗林，译．北京：中央编译出版社，2011：99.

是，关注自我利益既是人的自然倾向，也是每个人自然而然的需求，而顺应这种自然需求就具有正当合理性。纵使人们不敢堂而皇之地宣称自己正是依据这一原则行事，他们担心这一关注自我利益的偏好不能够获得他人的认同与赞许，然而，每个人的心中确实宁愿爱自己胜过其他人。个人对自我利益的关注与珍视不但成为一种客观事实，而且是商业社会中行为主体获得自身独立性的基础。

日本学者大河内一男曾明确地指出，斯密将“经济人”的利己心视为商业秩序的基础，也把它看作经济繁荣的主要因素。[①] 诺贝尔经济学奖获得者乔治·斯蒂格勒也论述了《国富论》中自利的本质以及有益影响，他甚至提出，“《国富论》是一座建立在自利之石上的宏伟宫殿。自利的强大动力引导资源得到最有效的利用，激励劳动者勤勉、发明家杰出创新以进行新的劳动分工——简言之，完全自由使国家有序、富足。[②]”事实上，斯密确实认为自利是经济发展的基石，正是在自利心的驱动之下，社会资源才能够实现有效的配置与利用。他实际上要强调的是，作为社会发展的动力原理，“每个人致力于自身境遇的一致的、不变的、不间断的努力”可以冲破不理想的社会制度的束缚。这种强大的力量，即便面临奢侈的政府与行政机构的最大过失，也足以保持不断改进的自然进步。在利己心不受阻碍的情况下，依凭这种动力，社会经济秩序以及经济活动的支配法则得以形成。

依据斯密的观点，在不违反正义的法律、不侵犯他人利益的情况下，个体的自利行为不仅不应当受到压制，行为体的合理正当行为还

① 大河内一男．过渡时期的经济思想——亚当·斯密与弗·李斯特［M］．胡企林，沈佩林，译．北京：中国人民大学出版社，2000：99.

② Stigler，G. J. Smith's Travels on the Ship of State［J］. History of Political Economy，1971，3（2）：265－277.

应当受到正义法律的保护。事实上，个体合理的自利行为是与一定的美德相匹配的。合理自利奠定了审慎、自制、勤勉、诚实等美德的基础。斯密认为，正是出于对自我利益的尊重与关注，人们才会在经济活动中深思熟虑、权衡利弊，养成审慎美德，审慎本身就是实践智慧的美德，“审慎之人”能够观测出有效方式以实现更重要、更长远的利益，而审慎美德与适当的理解、惩罚、安全等个人自利要求密切相关。“审慎作为商业社会的主要美德，正如正义对于亚里士多德、仁慈对于基督教道德而言。①”也就是基于规避风险的需要以及对长期利益的重视，在商业文明中逐渐形成抑制自身冲动及克制不合宜的欲望的自制美德。出于对行为体自利追求中利益遭受侵犯的惩罚需求以及利益调节的需要，商业社会中必然要求具备正义德性。斯密对商业社会的主要美德的探寻正是以行为体的自利追求为基础的。

作为资本主义市场经济形态中特定的人的行为方式及行为特征的抽象性概括，“经济人”内在的道德属性呈现出历史阶段性的鲜明特征。在前资本主义社会，追求自利的经济行为与社会的基本道德规范相背离，当经济生活成为独立的活动领域，并在自身发展的基础上创设出统一的市场空间，“一般‘利己心’只是在符合这一历史发展道路时是利己性的、具有斗争性的情况下，才能够形成新的美德。②”也就是说，“经济人”是商业社会向前发展的特殊经济条件下，代表与旧的生产力发展水平相分离的新型的社会形态中的进步力量。因此，只有与社会发展方向相一致的“经济人”的经济活动才衍生出新型的商业社会的伦理道德，而那些从事中下层职业的行为体，凭借

① McCloskey, D. N. The Bourgeois Virtues [M]. Chicago: University of Chicago Press, 2006: 27.

② 大河内一男．过渡时期的经济思想——亚当·斯密与弗·李斯特［M］．胡企林，沈佩林，译．北京：中国人民大学出版社，2000：9.

他们精巧娴熟的专业技术能力，加上所具有的审慎、公正、坚韧等美德，以及自制的道德品性，就易于在新型的商业社会中获得成功。[①]也正是在这种情况下，他们通往财富之路与通往德性之路才相统一。事实上，斯密不但对商业家和制造家出于自身利益及经济能力而结合起来影响商业法规进行特别的阐述，而且批评商人及制造商贪婪无度，为纯粹的私利而不顾他们的行为造成的社会损害。斯密以辩证的态度揭示出"经济人"道德内涵的特定指向以及自利驱动下市民道德形成的历史阶段性。然而，随着商业社会的兴盛与发展，"经济人"的欲望、本能的释放以及对自利的过度关注往往导致欲望膨胀、滥用自利，造成商业与道德的背离。

斯密揭示出"经济人"内蕴的道德进步性仅局限于特定的历史阶段，它自身也存在其固有的道德局限性。在斯密看来，人是生活于社会之中并要不断地适应他所生活的社会环境，伴随市场经济的兴盛发展，社会成员之间的交往日益频繁，依赖性逐渐增强，行为体的自身利益与他人的利益之间形成紧密联系，而行为体的自利追求并不会自然而然地设定道德的限度，一旦自利行为超出不损害他人利益的必要限度，社会就会存在于相互损伤或伤害人的状况之中，而这种伤害的发生，会导致相互之间萌生出怨恨和敌意，那么一切社会联系的纽带就会被撕扯得四分五裂。[②]由于滥用自利或过度自利所造成的社会成员之间的相互伤害，不但会导致协调关系的道德纽带断裂，即使是具有社会整合功能的经济纽带也会在互相猜忌与信任缺失中消失，最终造成社会调节的不复存在。因此，"经济人"不受约制的自利追求往往会带来不利的社会后果，当利益冲突不可避免时，行为体通常会

① 斯密．道德情操论［M］．谢宗林，译．北京：中央编译出版社，2011：73.

② 斯密．道德情操论［M］．谢宗林，译．北京：中央编译出版社，2011：103.

为了满足个人私利而不惜牺牲他人乃至社会的整体利益，如果对自利的经济活动自由放任，不但会损害彼此的利益，还会导致行为体的道德品性受到严重侵蚀。正是在此意义上，滥用自利或过度自利行为就缺乏正当合理性，成为应当受到制约的行为，这就要求为“经济人”的利益追求设定必要的边界，将其限定在合理的范围之内，这一界限便是正义的要求，即在正义制度约束下的自由行为及利益追求。

三、“经济人”与“道德人”契合的情感调节：同情共感原理

关于人性的核心理论假设，斯密并不是从单一的经济意义上揭示出进行自利经济活动的行为体的生存与发展的社会意义，他探寻的核心问题是基于不完美、脆弱的人性结构的商业社会秩序“何以可能”以及“如何更好”。“假如纯粹地从自利经济人假定推演出经济理论体系，那么可能会导致以此为基础设计出的制度体系成为制造恶棍的一种装置。①”很显然，这与斯密的理论目标并不相符。因而，对人类行为决策及行为机制的全面把握还需结合《道德情操论》中的行为逻辑的思想，斯密并不是仅仅探讨道德自身的内涵，而是通过人类同情共感的心理机制来揭示出人际关系协调的社会秩序机理。

同情共感的道德心理机制奠定社会普遍行为规则的基础。在斯密看来，同情是人所共有的自然情感，一般意义上讲，怜悯或悲悯表示与他人的悲伤产生的相同的感情，同情或同情感也有相近的意义，但在这里，斯密要强调的是人与人之间任何一种情绪的同情共感。同情

① Frey, B. S. A Constitution for Knaves Crowds out Civic Virtues [J]. The Economic Journal, 1997 (107): 1043 - 1053.

作为人的一种原始的情感本能，与人们之间的利益关系毫无关联，这种原始的情感不单为品性高尚之人所具备，即便是劣迹斑斑的恶棍也不会全然丧失。因此，人所具有的这种情感能力不同于传统意义上所言的对他人不幸遭遇的怜悯与体恤的单一情感，同情共感本身并不具有道德性，只是用来表示激情所引起的同感共鸣。“利己主义和自私的情感之所以控制着一个人的感情，主要是因为，这个自私自利的人其实缺乏进入他人情感和感觉的想象力，或者缺乏那种努力。……情感能力是个人努力和想象力两种力量的完美结合。①” 正是借由情境互换以及设身处地的想象，同情共感能力能够超出既有生活经验的限度，形成对具有普遍意义的社会规范的认同与理解。

想象力促使人们的同情共感能力超越个人经验的局限。作为具体化的创造物，人们无法离开自己的身体去理解他人的情感，只有设想自身处于相同情境之下会有的感觉，即使是关系最为亲近之人的情感体验，个人也不可能通过感官直接感知对方在当时处境中所遭受的痛苦。每个行为体的感受范围总是以自身的过往体验或想象为依据，人的想象的机能，是通过他人的描述，或之前类似经历的想象的复制，从而由自身的感官感受到的感觉。正是凭借想象，旁观者将自身置于当事人的境遇之中，设想自身遭遇同样的经历，进入他人的身体，在某种程度上与当事人合二为一，从而产生虽然微弱但与当事人相像的感觉。当事人痛苦或悲伤的处境引起旁观者悲伤的情绪，当事人愉悦或快乐的处境引起旁观者愉悦的情感体验，而这种悲伤或愉悦的强弱程度视旁观者想象得模糊或清晰的程度而定。正如奥特森指明的，“经验本质上是私人化的，超越个人经验的唯一方式就是凭借人的想

① 罗卫东．情感秩序美德——亚当·斯密的伦理学世界［M］．北京：中国人民大学出版社，2006：154.

象力。[①]”情境互换使得同情共感的心理机制能够超出个体的主观臆想，从而成为相对独立的行为评判标准。在斯密看来，并非任何一种感情都会引起同情共感，相反，愤怒等极端的情感往往会激起人们的厌恶与不安，这种厌恶来自人们对愤怒情感的天然反对，不安源自对情感原因的毫不知情，相较于对他人情感的不完备的同情，人们更为关注“探究其处境的好奇心”，然而如格里斯沃尔德（Griswold）曾指出的，“并不是想象力的每一幕都是同情的实例。[②]”人的想象力作为个体主观的臆想难以偏出个人的偏见或他物的干扰，正是引入情境互换，同情对象与同情原因才得以区分开来，从而形成独立于行为者情感反应的行为评判的心理基础。对此，帕特里夏·沃哈恩曾评论道，“为了避免一些道德感的理论，我们自身都有一种积极的想象能力，我们能够再造他人的感觉、情感以及观点。而在这种想象进程中，我们并非要如法炮制地去体验他人的情感，实际上，我们可以通过身临其境，以他者的角度去理解他人的感受。[③]”在这里，同情共感不仅仅指与他人在情感上的共享，还指对人们情感彼此共享的认识和理解。[④]也就是说，同情共感不单是普遍性的情感反应，而且包含着对引起情感的原因的认知与判断，这种情感反应不仅是由对方的激情所引发的，更为关键的是旁观者对于引发这一激情的境遇做出的具体分析。由此，旁观者对同情对象与同情原因的双重审视奠定了同情

---

① Otteson, James R. Adam Smith's Marketplace of Life [M]. Cambridge: Cambridge University Press, 2002: 20.

② Griswold, Charles L. Jr. Adam Smith and the Virtues of the Enlightenment [M]. Cambridge: Cambridge University Press, 1999: 8.

③ 沃哈恩. 亚当·斯密及其留给现代资本主义的遗产 [M]. 夏镇平, 译. 上海: 上海译文出版社, 2006: 34-35.

④ 拉波希尔. 亚当·斯密 [M]. 李燕晴, 汪希宁, 译. 北京: 中国社会科学出版社, 1990: 40.

原理作为行为评价基础的合理性与可行性。作为人与人、人与社会之间建立联系的心理机制，同情共感是社会一般规则形成的基础，也是社会规则得以遵守的重要保障。在斯密看来，同情共感能力将人类社会联系起来，在社会交往中，斯密的同情共感理论为个体调整自身行为以适应社会规则奠定基础，个体行为将他人的感激或愤恨的情感作为考量因素，正确权衡个人行为对他人构成的利害关系，以便将自身行为调整到他人或社会可以接受的程度。而要将个人激情调整到社会规则范围之内，以维持稳定的社会秩序的行为评价机制就是公正旁观者与合宜性。

“公正旁观者”的理性审视及合宜性标准能够形成一定的道德约束。“公正旁观者”在斯密的道德哲学理论中占据核心地位，他强调同情共感虽为人所共有的自然情感，但人性中的不完美及脆弱性侵蚀着人的同情共感能力，不同行为体所具有的同情能力也有着显著的差异；想象力作为沟通个人经验与他人经验之间的桥梁性概念，有助于形成他人所经历的情景的观念，从而促使旁观者产生面向他人情境的激情与情感，然而人的想象力可能是脱离真实境遇的主观臆想，也就是说，想象力与同情都存在其固有的缺陷及局限性。在此基础上，斯密引入“公正旁观者”的道德评判机制，他指出通过反思、历史性的调查以及实践美德，人们能够形成习惯与经验，从而减少偏见与错觉。旁观者既包括现实生活中独立于行为体之外的真正旁观者，也涵盖存在于人内心之中“假想的公正旁观者”。前者以独立于行为者的身份对他人的行为进行赞同或反对的道德评判，后者作为“内心的旁观者”对自我的行为进行道德评价，即人类本性中作为社会关系产物的“良心”对自我行为的审视、反思。斯密的旁观者以社会赞同或反对作为评判的依据，而行为体通过“自我赞同”与“社会赞同”协调一致的追寻，不断调试自我行为。作为一种理性的判断力，“公正旁观者”是对反思的行为体的隐喻，它指通过别人的眼光来反观自我的行为。“公正旁观者”在斯密的理论中扮演着两个角色：一个是期望中理想化的；另一个是人神同形同性的个人良心。前者是人们努力的目标但现实中却难以企及；后者则是容许人们进行道德判断的实际的运行机制。斯密的“公正旁观者”的发展与经验归纳主义方法相一致。在斯密看来，人们从经验中形成了建立在对他人的反复观察与交互作用基础之上的“公正旁观者”的范畴。随着这一范畴的日益完善，人们使用内涵丰富的这一具有代表性的理想公正旁观者去完善、理解实际的旁观者的观点，而现实的公正旁观者与理想的公正旁观者之间相互作用，人们正是从经验中逐渐完善对美德、合宜、情感以及同情的理解。斯密指出，人们学会依赖于内在公正旁观者决定是否真正值得赞美。旁观者易于存有偏见，因此，应当依赖于内心公正旁观者的赞同与否评判行为是否合理。实质上，斯密所称的“公正旁观者”主要指个体通过调适自身行为以遵循普遍的社会规则从而实现人的社会性，而所谓的普遍社会规则即是获得他人的赞许以及避免他人的不赞许。“公正旁观者”作为反思的行为体的隐喻，是“批判性审视及公共讨论机制。[①]”作为一种理性的判断力，公正旁观者能够纠正行为者的偏私倾向。“在这种场合发挥作用的，是一股比较强烈的力量，是一种比较有力量的动机。它是理智，是原则，是良心，……而且也唯有这个公正的旁观者的眼睛，才能够纠正自爱的心理自然会产生的各种与事实不符的扭曲。[②]”

① Sen, Amartya. The Idea of Justice [M]. Cambridge, Mass.: Harvard University Press, 2011: 135.

② 斯密. 道德情操论 [M]. 谢宗林，译. 北京：中央编译出版社，2011：163 - 164.

第二节 交换正义与社会正义：市场经济的制度基础

依据新制度经济学的界定，法律或道德作为正规的以及非正规的行为约束，都是市场经济健康运行的制度基础。这一界定与斯密关于市场经济秩序的探讨相一致，他在考察人类行为的情感制约与制度保障的基础之上，才进行市场经济的自由运行机制的分析。在斯密的市场经济理论体系中，自利心是形成社会生活秩序的基本根源，人性中的同情共感能力约束、协调并指导自我利益及自私激情，从而奠定市场经济社会中市民美德的基础。同时，他清楚地意识到，“人们的利己本能容易脱离其‘合宜性’而相互侵入别人的利己性活动领域……社会只有在宪法、秩序和公正的制度框架内才可以运作，而这种框架则具有坚强的社会道德和宗教基础。①”所谓的制度框架就是确保市场经济自由运行的正义法律制度及政治制度，也就是说，正义是对自由竞争的市场机制的限定条件，自由、自主的经济活动都以不违反正义制度为前提，只有遵守、尊重正义的规则，才能享有彼此不受干预的自由。

一、基于“同情—公正”视角的正义准则

斯密不但对新型商业社会的行为主体“经济人”的道德正当性

① 沃哈恩．亚当·斯密及其留给现代资本主义的遗产［M］．夏镇平，译．上海：上海译文出版社，2006：11.

及其局限性给予充分阐述，而且致力于探寻市场经济的道德建构。在斯密的道德思想中，正义占据至关重要的地位。一般意义上，依据美国权威的梅里厄姆·韦伯斯特词典做出的解释，“所谓的维护正义或正义规则指对相互矛盾的需求或奖惩分配做出的公正调整，以及公正、无偏或公平的特性①”。与现代意义上注重协调利益关系的正义概念不同的是，斯密的正义理论侧重于从人的内在情感即正义感中建立起对法律制度的认同。他的公正概念不是目标——经验或先验的，而是从原初的激情、主观心理结构中产生，经由特定的自然过程，客观、统一为特定的法律框架，从无关道德的自然情感中建构出一种道德整体②。因此，狭义的正义概念是指法律意义上的基本权利保障，与其他的各种道德主张相比，避免对他人正当、合理的所有物构成侵害是维持稳定的市场经济秩序的基本原则。

斯密以自然情感为基础的正义理论的探讨，实现了从特殊主义的个人正义向普遍主义的规则正义的转变。在斯密看来，正义是具有强制性的行为规范，人们对它的遵循不依赖于行为体自身的意愿，而是采取压力方式迫使遵守，违反正义准则的行为，因招致人们的愤恨，应当受到惩罚。事实上，正义是相对性的概念，在不同时代、不同社会共同体中，人们对正义的理解也极为不同。传统意义上的正义概念往往通过宗教、政治权威对优异性阶层的德性吹捧体现出来，近代意义的正义概念则内在地蕴含着权利、自由、平等基本价值追求，斯密的正义思想集中地反映出这种转变。他的正义理论深受休谟人性思想的影响，休谟关注人性中难以改变的两个经验事实，即人的有限慷慨

① Carrasco, Maria A. Adam Smith on Morality, Justice and the Political Constitution of Liberty [J]. The Journal of Scottish Philosophy, 2008: 135 – 156.

② Fleischacker, S. A Third Concept of Liberty: Judgment and Freedom in Kant and Adam Smith [M]. Princeton: Princeton University Press, 1999: 187.

以及自然资源的中等程度的匮乏。在休谟看来，社会为了对人性的弱点及外在事物的不利状态产生的社会恶果进行补救，才有意识地创设出正义的社会规则。因此，作为一种人为之德，正义源起于人的自私、有限的慷慨以及稀少的供应。人们遵循正义规则依赖于不被侵犯、不受伤害的同情感以及“共同利益感”。斯密继承休谟的人性思想，指出正义存在于人们对自身利益或幸福的审慎追求或者存在于对自我情感的合宜控制之中。就个人层面而言，正义存在于对个人利益与他人利益同等的认可与尊重中。关于如何维持社会的正义，免于遭受利益的侵害，斯密指出，当在政府尚未建立之前，人们主张通过报复行为伸张正义，而这种社会行为依然导致自然状态下局部均衡的不稳定态势，会带来社会的混乱与不安宁，而统一的政府约制能够弥补个体行为的任意性缺陷，实现整体均衡与社会有序。在斯密看来，违背正义是人们难以接受的行为，利用国家权力强制性地执行正义美德就极为必要。① 也是在这个意义上，斯密实现正义准则从传统的特殊主义的德性伦理层面向普遍主义的规则伦理层面的转变。哈耶克还将这种转型概括为从“小社群道德”向“大社会道德”的变迁，这一道德转型是“人类合作的扩展秩序”演进的组成部分。②

通过分析社会激情与非社会激情所对应准则的差异性，斯密强调，正义规则是人类社会持续存在的底线道德规范。在斯密看来，社会秩序的形成依赖于人们较好地遵循普遍的行为规则，而正义规则就是人类一般的行为规则中关键性的一种。他强调正义之德与仁慈之德两种美德之间的区别，在他看来，仁慈用于对非社会激情进行控制与

---

① 斯密．道德情操论［M］．谢宗林，译．北京：中央编译出版社，2011：435.

② 哈耶克．致命的自负［M］．冯克利，胡晋华，译．北京：中国社会科学出版社，2000：8.

调节，虽然它是对他人产生的消极反应，却不会构成对他人的直接伤害，因而是人们自由任意的主观选择。正义作为一种基本美德，是对人类行为的最低限度的限制。虽然正义仅仅是一种消极性的美德，只是要求不去伤害他人，但它却是确保社会正常运转的根本法则，也是社会得以持存的基本保障。这是因为，在社会活动中，不去伤害他人就意味着为他人提供一种安全的外部环境，从一定意义上说，就是给予他人一定的自由与尊重，当不伤害成为一种普遍性的行为规则，人们就能处于一种相对和谐稳定的社会状态之中。与基于爱的友谊、仁慈等其他美德相比，强制性的正义规范能够克服主观性、随意性，建立起长期的、明确的社会约束机制。因此，就社会的存在而言，仁慈并不像正义那样占据根本地位，倘若缺乏仁慈，生活于社会中的人们虽不是处于最舒服状态，社会却依然存在；然而，普遍正义的缺失，肯定会使社会土崩瓦解。① 在这里，斯密实际上阐明了正义的根本性地位及作用。在新型经济结构、商业社会形态的形成与发展过程中，要维持稳定的社会秩序，持守正义不可或缺。

二、作为自然正义的交换正义

依据斯密的观点，正义在社会秩序的建构中发挥着基础性的作用，它是社会秩序形成的基本保障，也是《道德情操论》《法学讲稿》和《国富论》中的核心原则。② 斯密指明正义准则的不可侵犯性以及明确性。在他看来，交换正义是一种狭义的正义，也可称为纯粹

① 斯密．道德情操论［M］．谢宗林，译．北京：中央编译出版社，2011：103.

② 沃哈恩，亚当·斯密及其留给现代资本主义的遗产［M］．夏镇平，译．上海：上海译文出版社，2006：11.

正义（mere justice），它主要指不侵犯属于他人的东西；交换正义与完全权利密切相关，隶属于自然正义的范畴，正义的法律制度包含着保护行为主体的必备权利的基本职责，是社会存在的基本条件。正是基于这种联系，斯密最先将正义纳入经济学的视域进行考察，他指出正义是经济活动的基本美德，市场交换以公平竞争、互利互惠为基本行为准则，也是平等、自由价值产生的基础。

作为一种底线的道德规范，交换正义指的是“占有自己的东西”以及“绝不侵犯属于他人的东西”。在《道德情操论》中，斯密论述的正义是狭义的、法律意义上的，他强调与尊重其他的各种道德主张相比，避免对他人正当、合理的所有物构成侵害对社会而言更为有益。在斯密看来，文明社会中的人们总是处于一种需要相互合作，同时又面临相互之间的伤害的状态之中。结合人类社会发展阶段以及生活的经验，他描述人类可能遭受的三种形式的伤害：一是人身伤害，即对生命的直接侵害，因其激起最强烈的义愤，被视为最残暴的罪行；二是侵占财产，即以非法的方式对他人所拥有的物质利益构成侵害；三是违背订立的契约。斯密认为，“一个仅仅是克制他自己不去侵害邻居的人身、财产或名誉的人，的确说不上有什么绝对正面的功劳。然而，他却已完全履行了所有被特别称为正义的规则。①”由此可见，“不侵犯属于他人的东西”虽是一种消极的行为规范，却涵盖交换正义的本质内涵。因为，与“放弃属于自己的东西”的道德传统相比，不侵占属于他人的东西是最为根本的。“绝不侵犯别人的东西”的正义规则存在于行为体对自身利益的审慎追求之中。只要个人追求自身利益或幸福的行为不对他人构成任何实际的伤害，就是合

① 斯密．道德情操论［M］．谢宗林，译．北京：中央编译出版社，2011：98.

乎正义规则的。基于此，斯密在以自然情感为基础的正义思想中融入法律元素，以人类享有的基本权利的形式确立国家法律制度的保障范围，从而确认正义的法律制度包含着保护行为主体不可剥夺的自然权利的基本职责。保护人的生命安全占据首要地位，同时还包含着对财产权以及对个人权利的保护。简言之，“在任何一种政治制度中，公正原则都用特定的法律进行表达，它们在不同程度上保障了公平对待，保障契约和权利的实施。[①]”

作为一种完全权利，交换正义隶属于自然法则，因而是一种自然正义。在《法学讲稿》中，斯密清晰地阐述正义的定义，他探讨完全权利、不完全权利与自然法之间的区别，所谓完全权利就是人们有权利强制要求他人实施，是个人必须承担的义务；而不完全权利则是人们无权要求他人承担的职责。斯密认为完全权利与交换正义密切相关，是《法学讲稿》的主题。他将哈奇森、普芬道夫的思想作为区分完全权利与不完全权利的理论来源，而格劳秀斯奠定了进行权利区分的基础，他将权利界定为“人的道德资格，即能够合法地做某事的权利”，在称为“能力”的情况下，就是完全的道德资格，而在称为“适宜”的情况下，则是不完全的道德资格。[②] 他进一步指出，补充性正义主要关注能力，能力实质上是正义“恰当的、严格意义上的称谓”，这包括凌驾于我们自身与他人之上的权利，诸如所有权、契约权利；而归属性正义主要关注适宜，即关于“作为达到有益于他人的目的的美德，诸如仁慈、同情以及政府的深谋远虑”。普芬道夫在格劳秀斯对权利做出明确区分的基础之上，提出“完全权利”

① 毕莱特．公正的经济学：《国富论》的道德基础［J］．社会经济学评论，1976（34）：304－306.

② Salter，John. Adam Smith on Justice and the Needs of the Poor［J］. Journal of the History of Economic Thought，2012（34）：560－575.

与“不完全权利”，这不单是术语上的转变，也为自然法中的责任概念提供了更为广泛的理解。然而，普芬道夫仅将完全权利的基础限定于“非自愿的假定”，也就是说为实现这一完全权利，生活在自然自由状态中的人们或诉诸暴力与战争，或以法律为依据采取行动。相比之下，不完全权利却不会受到暴力胁迫或法律威胁。斯密的正义理论以人性论及自然法理论为基础，依据他的观点，人们享有天赋的自然权利以及延伸的社会权利，以生命权、财产权与自由权为主要内容的天赋自然权利也是一种完全权利，神圣不可侵犯；社会权利则依赖于仁慈或仁爱的社会情感，是一种自觉自愿的行为。强制力的使用使得完全权利与不完全权利区分开来，所谓强制力就是要求权利所有者无条件地遵从或对违反行为进行严厉惩罚。这也意味着，自由自主地进行市场交换是人所拥有的不受侵犯的完全权利，法律所要保障的就是交换主体的生命权、自由权以及财产权不受损害或侵犯。

作为经济活动的基本行为规范，交换正义遵循独立自主、公平竞争、互惠互利的原则。在斯密看来，在市场经济逐渐形成的基础之上，正是凭借人类具有的区别于动物的理性能力才认识到了文明的商业社会中逐渐凸显的人性中具有的“以物易物、物物交换、互相交易”的自然倾向。“这种倾向……它为一切人所共有，但在其他各种既不知道这种契约，也不知道任何别种契约的动物中，是发现不了的。[①]”由此可见，文明社会中的市场关系基于人类所特有的建立契约的理性能力基础之上。市场关系的典型特征就是契约关系，在市场交易中建立起的契约关系遵循三个基本原则：其一，独立自主原则，即市场上的经济行为主体，不依赖于彼此的仁慈，而是依据对市场的

① 斯密．国富论（上册）［M］．郭大力，王亚南，译．南京：译林出版社，2014：9.

分析判断以及对消费者需求的把握生产出消费主体所需要的产品，各个市场活动参与方都有自我选择、自由决定的权利，他们在市场竞争中自主经营、自负盈亏，政府除提供基本的安全保障及个人无法独自担负的公共事业的支出外，政府不干预企业或个人的市场活动。也就是说，市场交换不是建立在仁慈的基础之上，也不是不平等的交换，而是具有独立意识的个体基于自利心的自由自主的市场交换行为。其二，公平交易原则，不同个体之间主要通过建立契约、交换或购买获取所需物品。人们之间天赋资质的差异微乎其微，自然天性相近，而差异的形成是社会分工、风俗习惯以及教育的结果。正如马克思所言，平等和自由不仅在以交换价值为基础的交换中受尊重，而且交换价值的交换是一切平等和自由的生产的、现实的基础。① 其三，互惠互利原则，人们虽然具有独立的市场地位，并竭尽所能地满足自身多方面的需求，但文明社会中人类的生存、发展建立在普遍的分工以及相互交换的基础之上，个体难以满足自身的所有需求，总是依赖于多数人的协助，经济活动中的行为体并不是孤立的分散个体，而是相互依赖、相互合作的社会存在物。市场行为主体只有通过公平审慎、互利互惠的市场交易，才能真正实现各自的私利。在市场经济社会中，各种相互依赖的经济行为体，受“看不见的手”非人格化力量的支配。正如奥地利学派的哈耶克所主张的，在市场经济社会秩序中的经济，它不单单具有“交换”的意义，还包括“进入共同体”以及“化敌为友”的含义。②

---

① 马克思，恩格斯. 马克思恩格斯全集（第46卷）[M]. 北京：人民出版社，1980：197.

② Hayke, Law, Legislation, and Liberty, Rules and Order (1973), the Mirage of Social Justice (1976), the Political Order of a Free People (1979), Routledge & Kegan Paul, London. 107 – 120.

三、作为社会正义的分配正义

依据一种标准或传统观点，斯密是在自然法理论家的影响下提出的分配正义主张，即社会对个人的义务。这一观点通常归因于《道德情操论》中对交换正义与分配正义的比较。交换正义与明确的权利相关，遵守规则受外在强力压制，违反规则将受到惩罚，可以将之归为公共政策范围，属于政治经济学领域；而分配正义不具备斯密所言的“纯粹正义”概念的特征，属于私人美德的领域。然而，依据最新的学术趋势，传统的观点失去其原有的阵地而有了新的理解，事实上，斯密采用了一个更为广泛的正义概念，他将分配问题以及穷人的需要也融入正义思想之中。[①] 斯密关注人类公共福利，并主张立法者对此采取强制性措施，从而推翻了交换正义与分配正义相分离的传统论断。在斯密看来，分配正义不单单是与私人美德相关的不完全权利，它还蕴含着与市场自由竞争机制兼容的对生存权利的关注。

正义受制于社会环境的变化，不同的社会发展阶段，对分配正义的理解不尽相同。在前商业社会阶段，财富分配与自然正义相符合；而在商业社会阶段，财富分配则与自然正义相背离。不同阶段呈现不同的产权关系，分配正义对于维护不同阶段的社会产权极为重要。在斯密看来，在前商业社会时期，人们基本不拥有私有财产，因而尚未形成产权观念，“富人胃的容量”就决定着物品的自然分配，对富人而言，他们虽然拥有丰富的物品却没有花费的渠道，除非在与之存在依赖关系的人中分配他的剩余物。“所有这些人，就这样从他的豪奢

---

① Salter, John. Adam Smith on justice and the needs of the poor [J]. Journal of the History of Economic Thought, 2012 (34): 560 -575.

与任性中，得到他们绝不可能指望从他的仁慈或他的公正中的得到的那一份生活必需品”。基于自然法则的物品的分配与他们自身的意愿相一致，“他们被一只看不见的手引导而做出的那种生活必需品分配，和这世间的土地平均分配给所有居民时会有的那种生活必需品分配，几乎没什么两样。他们就这样，在没打算要有这效果，也不知道有这效果的情况下，增进了社会的利益，提供了人类繁衍所需的资源”。[①] 然而，一旦社会达到需要为最低贱的劳动者提供基本生活资料的阶段，情况就会发生变化。在斯密看来，到了商业社会阶段，随着私有产权制度的形成，自然法则以及人为的分配正义原则发生偏离，商业社会繁荣与不平等的混合存在使得分配正义原则成为必要。在某种程度上，分配正义被理解为社会慈善的一种形式，它并不要求强制性地对社会分配进行调节，这样不会对现存秩序构成威胁。在斯密看来，“社会的和平与秩序，甚至比缓解痛苦更为重要”。[②] 因此，作为社会的底线道德规范，只有遵循交换正义才能使社会免于走向崩溃，从这个意义上来讲，交换正义优先于分配正义，然而正如休谟所指出的，这并不意味着交换正义与分配正义的内容几乎不相关，商业实践与政策，局部利益及偏见阻碍着自然自由体系及交换正义原则的建立，为满足局部利益，合宜性与正义的社会标准就会遭到背离，那么，分配正义也不会随着交换正义而自然地出现。可以说，尽管分配正义原则是“松散的、模糊的”，但它却能够用于调节权利与权力、政策与实践、多样化的判断与习惯、利益与仁爱情感、交换正义与合宜性的社会标准之间的关系。因此，不能因为分配正义的自然不确定性而认为它在斯密的思想中处于附属地位。正如杨格与戈登指出的，

① 斯密．道德情操论［M］．谢宗林，译．北京：中央编译出版社，2011：227.
② 斯密．道德情操论［M］．谢宗林，译．北京：中央编译出版社，2011：284.

斯密强调交换正义，但“在他的政治经济学中，分配正义也是重要的规范化标准。[①]”

斯密所谓的分配正义不同于现代意义的制度安排，它更多地体现出有关分配正义的理念，主要涵盖由私人慈善主导的社会正义以及寻求市场自由分配与财富不平等之间的协调关系，其目的在于实现共享财富增长的好处。与之前的社会阶段相比，商业社会提供劳动阶层满足生存所需的基本工资，却也带来财产分配上更大的不平等。相比之下，原始社会虽然更为平等，却极度贫困。在斯密看来，财富占有的不平等并不必然对社会构成危害，它也奠定商业社会等级秩序的基础，他认为不能以普遍的贫困为代价来追求平等，“一个平等但贫穷的民族任何时候都不能抵御他人的侵犯”，而财富的增加以及普遍富裕既能抵御外敌入侵，又能实现文明开化。因而他主张在确保市场效率的基础之上对财富的不平等分配进行协调。正如洪特、伊格纳季耶强调的，斯密在《国富论》中探寻的正义就是“旨在找到一种能够使得财富的不平等与给那些被市场淘汰的人提供充足给养这两者并行不悖的市场机制。[②]”也就是说，商业社会创造出丰裕的物质财富，但也产生财富的严重分配不平等，正义所要解决的就是协调物质繁荣与社会不平等之间的关系。政府的职责不仅在于保持社会公正、避免财产权利遭到侵犯，更在于确保“财产权中现存的不平等不会危害经济的持续发展”。

依据劳动维持生存的权利决定人的基本生存能力，保护穷人的生存权免受剥夺隶属于分配正义及立法的范畴。社会是否愿意改善财富

---

① Young, J. T and Gordon, B. Distributive Justice as a Normative Criterion in Adam Smith's Political Economy [J]. History of Political Economy, 1996: 1 - 25.

② 洪特，伊格纳季耶．财富与德性：苏格兰启蒙运动中政治经济学的发展［M］．李大军，译．杭州：浙江大学出版社，2013：2.

的代际传递属于选择问题，然而确保人类生存的社会调节机制被阻止实施则不仅仅是一种选择或政策。因为人的生存权能否得到保障可能最终影响人的生存能力，这就意味着生存权被剥夺，而导致剥夺的行为属于正义与立法的问题。从这个意义上来讲，生存权构成一种完全权利。尽管斯密没有明确地提及人的生存权，但在探讨完全权利中，他将之限定为人身权、财产权及名誉权。然而如杨格指出的，“生存权体现在斯密所论述的有关完全权利的其他各种权利之中，如生命权、由劳动所得的财产权。具体来讲，生存权具体体现在斯密提出的作为完全权利的其他两种权利之中，即人身权以及获取劳动成果的权利。依据斯密的观点，获取劳动成果的权利是一种普遍的自然权利。居民有大部分陷入贫乏悲惨的状态，决不能说是繁荣幸福的社会。而且，供给社会全体以衣食住的人，在自身劳动生产物中，享有自身所需的衣食住的相当份额，决不能算是非分。[①]” 这并不意味着凭借劳动生存的人们可以提出在国民收入中享有特定份额的优先主张，而是揭示出人们应当依赖自己的劳动生活。这里实际上暗含着斯密对劳动力市场的考虑，人们凭借自身的劳动维持生存是一种基本的权利，如果这种权利因工资水平或劳动力市场的严苛的准入机制受到压制，那么人的生存权利及财产权利就受到侵犯。有关生存权问题的探讨也反映在斯密对自然法则与实体法则之间区别的分析中。在《道德情操论》最后一段，斯密提出，“各个制定法体系，作为人类在不同时代与国家的情感记录，固然应当享有最大的权威，但绝不能被视为是什么精确的自然的正义规则体系。[②]” 这就意味着在斯密的思想中，生

① 斯密．国富论（上册）[M]．郭大力，王亚南，译．南京：译林出版社，2014：68 -69.

② 斯密．道德情操论 [M]．谢宗林，译．北京：中央编译出版社，2011：436.

存权利实质上是自然正义的构成部分，而在人类的成文法中，关于穷人生存权利的法律保障的缺失仅仅是特定的制度环境产物。因此，生存权利的基本保障是暗含的而不是明确的，穷人生存权利保障的缺失仅仅反映出实体性法规的缺失而不是公正旁观者立场的缺失。

第三节　自然自由制度：商业社会秩序的理想追求

建立理想商业秩序是斯密为适应资本主义经济发展的时代需求做出的理论构想，通过对人类社会历史发展阶段的分析，斯密提出，人类社会秩序的产生是自发生成的过程与结果，而不是人类理性的产物，他将这种所谓自发生成的社会制度称为“自然自由的制度”。学界对斯密的自然自由思想存在一种认识，即将自然自由理解为完全依赖市场的作用，反对政府的任何干预。美国著名经济学家西托夫斯基在《福利与竞争》中就指出，“自斯密以来，大多数经济学或多或少地证明了完全竞争带来高效的生产体制。[①]”然而，依据严格的学术规范，斯密的自由思想不同于新古典经济学的“完全竞争”假设，他没有将完全理性假定为自然自由的属性，而是充分认识到人类理性能力的不足，从而强调政府职能的必要性。在斯图亚特为斯密所作的传记中，关于斯密的社会秩序的思想，他是这样表述的，“要使一个国家从最低限度的蛮荒状态达到最高限度的富裕，仅仅需要和平、宽松的赋税以及公正的社会管理；其他的都可以在事物的自然进

① Scitovsky, Tibor. Welfare and Competition: The Economics of a Fully Employed Economy [M]. London: Unwin University Books, 1966: 180.

程中产生"[①]。在这里，与经济运行的自然进程相匹配的是最低限度的政府职能与政治贤明的共同要求。因此，市场经济自由运行体系与政府职能相结合是建立理想化的商业秩序的必要条件，实际上这两个方面也共同构成斯密关于自然自由体系的理论精髓。

一、对管制经济的批判与对自由放任的扬弃

"历史性的言说方式"成为斯密批判的武器，使其能够对重商主义的贸易保护政策进行猛烈抨击，并对重农主义的自由放任进行批判性扬弃。作为新型商业社会的提倡者，斯密反对一切与商业进步相背离的思想理论。在"论政治经济学上之诸体系"绪论中，斯密指明他所探讨的是"不同时代不同国民的不同富裕程度"，由此引出两种形式的"富民的主义"。在这里，斯密所表达的是历史性研究逻辑，即对历史发展特定阶段的经济体系进行分析与批判。因此，不能简单地将斯密的批判性研究视为对自由竞争的捍卫或"自由贸易的传单。[②]"事实上，斯密力图揭示出自然自由的经济体系与商业社会相匹配，从而阻碍市场自由运行的经济主张或政策就会抑制经济发展与社会进步。

其一，对重商主义的贸易保护政策及垄断精神进行批判。在资本主义社会发展的早期阶段，实现最大限度地财富聚集与国力强盛是新兴民族国家的核心目标。综观重商主义的基本主张可以看出，政治权力的集中及利益扩张的共同需要促使商业资本与民族国家形成紧密互

① Stewart, Dugald. "Account of the Life and Writings of Adam Smith" in Adam Smith. Essays on Philosophical Subjects, The Glasgow Edition, 1978 (3): 322.

② 肯尼迪．亚当·斯密［M］．苏军，译．北京：华夏出版社，2009：215.

动，国家以强制性的贸易保护或垄断特权为基本的经济政策形式。如波兰尼所言，重商主义所谓的贸易“解放”仅是从排他主义中获得解放，管制规模却随之扩大。经济制度依然浸没于社会关系之中，市场仅是制度的附属性特征，制度设置前所未有地受到权威的控制。①贸易管制并不如重商主义所称道的于国于商皆有利，在斯密看来，商业资本家作为贸易活动的直接参与者做出的利益判断并不客观，他们对自身利益的关注远胜于对国家利益的关注。贸易保护实际上是商业资本家为行资本扩张之实，而以国家利益为名游说立法者接受“货币即财富”以及“贸易差额乃富国之道”的错误观念，这就导致一方面各国将国家利益的增长视为此消彼长的敌对状态，一国财富增长以另一国财富的减少为代价；另一方面，又普遍地将国内贸易看作对外贸易的附属物。事实上，“同一资本可提供最大收入而又能雇佣最多本国国民的乃是国内贸易。……国际通商，像个人通商一样，原来应该是团结与友谊的纽带，现在，却成了不调和与敌意的最丰沃的源泉。②”由此，斯密批判性地指出，重商主义的贸易保护政策既是政治贤明的缺乏与各国贸易的敌视产生的恶果，也是商业资本家出于自身利益的排他性垄断精神所致。

以高关税或绝对禁止的形式限制从国外进口国内能生产的货物导致的直接后果就是“国内市场被独占”，重商主义者米塞尔等将垄断者围绕的轴心概括为，“使商业自由只限于个别人或少数人，以及垄断者按照他个人的利益和公众的偏见随意制定价格。③”针对这种垄

---

① 波兰尼．大转型：我们时代的政治与经济起源［M］．刘阳，冯刚，译．杭州：浙江人民出版社，2007：58.

② 斯密．国富论（下册）［M］．郭大力，王亚南，译．南京：译林出版社，2014：5，61.

③ 威廉·斯皮格尔．经济思想的成长［M］．晏智杰，刘宇飞，译．北京：中国社会科学出版社，1999：90－91.

断的市场结构，斯密强调它带来的破坏性后果，即使得特种产业的高利润激励其他产业或资本相继投入，从而扭曲事物的自然所向，无法引导各产业走向有利方向。因此，在他看来，这种被商业利益裹挟的垄断法规对市场主体构成不当干扰，破坏自然进程，几乎在一切场合皆是无用或有害的。[①] 由于受商人、制造商的蛊惑，即使是较少受独占精神影响的乡绅与农业家，也抛却对自身利益的考虑，要求享有相关领域的市场独占权，其最终往往有损于市场的扩大以及谷物等农产品消费的缩减。然而，斯密并不是反对一切形式的“奖励国内产业”政策。在他看来，国防产业与课税的垄断是必需的，关于前者，因为安全居于首要地位，“国防比国富更为重要”；对于后者，则确保资财与劳动的自然分配趋于合理。事实上，通过区分自由贸易与垄断贸易产生的实际利害关系，斯密对重商主义基于虚假的财富期望实行的独占进行批判。在他看来，利益不是金银量的增加，而是土地年产物交换价值的增加或居民年收入的增加。真正带来财富增加的自由贸易才符合“自然所向”，有利于人民大众的利益；而为个人利益推行的垄断特权或独占精神则违反自然进程，有损于社会的整体利益。对斯密而言，自然自由的经济体系乃是规避政治风险与私利偏见的良剂，因此，他对提倡遵循自然法则的重农主义采取包容式扬弃的态度。

其二，对重农主义的自由放任进行批判性扬弃。兴起于法国的重农主义，是在对重商主义以及封建特权进行批判、抗争的过程中逐渐形成的。由于路易十四时期科尔波特强力支持城市产业，极力压制农村产业，加之农产品的贸易限制及课以重税，导致产业发展严重失衡，农业陷入“消沉沮丧的状态”。重农主义对重商主义的“制限学

① 斯密．国富论（下册）［M］．郭大力，王亚南，译．南京：译林出版社，2014：24.

说”进行批判的同时，把自然秩序这个哲学概念引入经济思想中，力图揭示人类经济活动的运行规律与自然规律相一致，它强调“自然秩序乃先天而定，它是一种理想的状态，人们的一切经济活动只有遵循它，才能实现最大限度的幸福。①”基于此，重农主义推行自由放任的经济政策。在斯密看来，重农主义对自然法则的探讨，一定程度上触及经济活动的行为规则，即使它“矫枉必过其直”地偏重农业活动，轻视商业与制造业的地位与作用，然而其所激励的市场意识的萌芽，经济效率与社会公正的增进，都使得重农主义获得的评价远高于重商主义。

重农主义前所未有地将土地生产物视为财富的唯一源泉，它认为国家财富的增加不由货币衡量，而是由土地上的劳动与产出衡量。只有农业与农产品才能增加国之财富。并依据各自对土地劳动年产物贡献的不同，把国民划分为耕作者与农村劳动者阶级、土地所有者阶级以及制造家与商人阶级，其中耕作者与劳动者阶级能创造出更多的“纯产品”，即除去生产成本之后超过所耗费的资源价值的净产品，因而是生产阶级；土地劳动者与制造家、商人阶级是非生产性阶级，他们之所以不是生产性的，乃是因为他们的劳动或投入只是延续原有的价值，没有产生任何新价值。与此同时，重农主义强调尽管工商业的劳动不能实现价值的增加，但对于其他阶级却非常有用。以工商业的劳动为媒介，土地生产物得以增进，生产劳动的生产力得以提高，限制工商业不利于土地所有者与劳动者的利益。因此，重农主义主张自由贸易，在激烈的竞争之下，土地生产物能够实现低廉且丰足的供给。如约翰·米尔斯所言，纵使重农主义蔑视贸易与工业，然而它取

① 罗尔．经济思想史［M］．陆元诚，译．北京：商务印书馆，1981：134.

得成功之地，其税收以及自由放任政策取得的实际效果都对贸易与工业起到激励作用。[①] 在此意义上，重农主义明确地提出，最简单有效且社会全体皆能达到繁荣状态的秘诀就在于完全意义上的正义、自由乃至平等的确立。

依斯密之见，重农主义的谬误主要体现在生产阶级与不生产阶级的区分以及以理性的永恒自然法则建立政治经济秩序的主张。他认为，工商业阶级可以延续维持自身的资本的存在，以无生产或不生产冠名并不妥当。以家仆的劳动与工商业阶级的劳动为例，斯密认为，这两种形式的劳动全然不同，在他看来，家仆的劳动不能延续雇佣资本的存在，亦无法补偿工资的价值，是非生产性劳动，而工商业阶级的劳动则“自然地固定且体现在某种可售的商品”中，这种用于交换的价值本身也创造出新价值，因而应归入生产性劳动。实际上，重农主义将生产劳动局限于农业劳动，与法国所处的小农经济形态以及简单商品生产的历史阶段密切相关。与英国当时商业经济的繁盛与市场的日益扩大相比，重农主义只是认识到简单的商品生产与消费的差异，对于各种要素在复杂的市场交易中的作用无法进行深入分析。因此，虽然重农主义提倡自由放任，然而却不是与新型的商业社会相适应的经济政策，它的自由贸易建立在自然秩序的基础之上，经济活动应当完全遵循理性的自然法则，理想的政治经济秩序就能建立起来。这种“理性之光”的主张遭到休谟的质疑，斯密则明确地提出，“如果一国没有享受完全自由及完全正义，既无繁荣可能，那世界上就没有一国能够繁荣了。[②]” 在斯密看来，重农主义从世界的本性出发，

---

① 米尔斯．一种批判的经济学史［M］．高湘泽，译．北京：商务印书馆，2005：106.

② 斯密．国富论（下册）［M］．郭大力，王亚南，译．南京：译林出版社，2014：229.

脱离了人的本性，因而不能反映人类行为规律。事实上，政治经济的运行如同人体的健康性能，有着“自然之智慧”，然而这种“自然之智慧”不同于重农学派的绝对自然法则，也不是完全自由或无限制的自由放任，而是以人性与经验为基础的自然自由的运行体系，这种自然自由体系在正义之法的制约之下，才能建立起稳定的政治经济秩序。

二、市场经济的自由原则的确立

如前所述，无论是重商主义抑或重农主义，市场贸易总是受到强制性管制或永恒自然法则的支配，在此基础上，斯密指出，只有在资产阶级的产业中才创造出从经济上打破一切固定性束缚的可能性。“这是因为在这个‘人做了一切’的产业中，人才获得了生产中的一种自由空间，而在个人自由活动之上，也就自然形成了市民社会所特有的客观经济规律。[①]”也就是说，商业社会的兴起使得相对封闭的活动空间变得日益开放，自然自由构成商业社会的重要内容，其内在地包含着个人自由与经济自由。深入剖析其自由思想就会发现，他并没有对资本主义的自由运行机制进行理想化的简单分析，而是立足于现实的市场经济如何能够在正义之法的制约之下更高效地发挥作用，如何能使商业社会的缺陷得到一定程度的控制。如斯图亚特所言，斯密不仅主张出于国家整体考虑对贸易做出限制，即使纯粹出于经济考虑，也有必要对市场出售的劳动及产品这一自然自由做出限制。[②] 由

---

① 张一兵. 回到马克思：经济学语境中的哲学话语［M］. 南京：江苏人民出版社，1999：57.

② 罗斯. 亚当·斯密传［M］. 张亚萍，译. 杭州：浙江大学出版社，2013：94.

此可见，斯密所坚持的经济自由是限定条件下的自由，因而是有限的自由。

劳动分工与自由交换奠定商业社会进步的基石，自由成为市场经济的核心价值理念，也是商业社会的本质属性。关于劳动分工积极意义的讨论由来已久，无论是斯密之前还是在其之后，他最为重视分工。[①] 与古希腊时期基于人性不平等的分工理论以及启蒙运动时期基于欲望满足的分工理论相比，斯密的分工理论建立在人之自由与平等的假定基础之上，以此为基础，他独特性地指出劳动分工是经济繁荣与社会进步的唯一因素。自然分工加速社会流动与分化，集体意识逐渐淡漠，社会对个体的强制日渐减弱，从而社会集体意识与个体意识之间呈现此消彼长的反向变化关系。随着集体意识的衰退，经济行为体日渐趋于独立，个体意识不断得到凸显，个人活动范围逐渐扩大。在斯密看来，商业社会的发展源自分工，正是分工使人们从农业社会的自然经济形态走向相互依赖的商业经济形态。工业革命的初步展开与启蒙运动的理性催生，进一步促进商业社会的文明化发展，斯图亚特曾指出，现代工业社会中，随着工业的发展，……这些有助于底层人摆脱对他人的依附，从而实现自由。[②] 自由与商业文明相伴随，商业社会本身就是以劳动分工与交换为基础的自然自由的社会。由此，在诸般事物纯自然推移的社会上，即在一切均听其自由，各个人都能自由选择自己认为适当的职业，并能随时自由改业的社会上，事情确是如此。[③] 商业社会使人们获得更为广泛的选择自由，与隔离、封闭

① 熊彼特．经济分析史（第1卷）［M］．杨敬年，译．北京：商务印书馆，2001：284.

② 布罗迪．剑桥指南：苏格兰启蒙运动［M］．贾宁，译．杭州：浙江大学出版社，2010：176.

③ 斯密．国富论（上册）［M］．郭大力，王亚南，译．南京：译林出版社，2014：87.

并且依附于身份的传统农业社会相比，商业文明的历史进步意义在于使人们获得独立的人格与地位，能力及交换的空间范围得以拓展，人们的自由程度从整体上得到提升。斯密着重强调个人自由的重要性，一方面，要使市场机制正常运行，必须保障个人自由，因此，即使个人自由的选择并不必然带来道德的社会后果，但是缺乏个人自由必将是不道德的，个人自由成为市场机制蕴含的一种内在价值；另一方面，强调个人自由重要性的同时，斯密也坚信不同自由个体之间存在彼此和谐共存的调节力量，可以兼顾不同社会成员的利益需求以及不断扩大追求自由的要求。

关于市场经济中个体自由地追求自身经济利益最大化的同时如何实现自由个体之间的利益协调，斯密坚持认为存在着“看不见的手”。虽然他没有对“看不见的手”做出明确界定，关于其内涵问题学术界至今也尚未达成一致意见，然而可以肯定的是，斯密在市场经济条件下探讨“看不见的手”，这就意味着，“看不见的手”与市场经济制度有着内在关联。在《道德情操论》中，斯密描绘出在商业社会中，受“看不见的手”的引导，富人的无意识分配达到有利于穷人的后果，显然，这种分配方式以社会分工或自由交换为基础，富人无法独自获得丰厚的产出，他必须依赖于他所雇佣的穷人，为此他就不得不为穷人维持生产以备雇佣提供基本的必需品，从而市场经济愈发达，“看不见的手”越能充分地发挥其作用，个人自由与经济自由就愈加能够得到充分的实现。在《国富论》中，通过“看不见的手”，斯密描述出市场交换行为无意识地造就经济增长，促进社会整体福利的提升。从本质上讲，“看不见的手”就是市场经济内蕴的平等、公正的自由主义精神。正是受这种自由主义精神的支配，各个参与者才能够在社会分工与市场交换的环境中，实现不同行为体之间的利益协调。在斯密的道德理论中，这种自由主义精神体现为行为体具有关注自我的意识与能力；而在经济理论中，他明确地指出，任何行为体，在不违反正义法律时，都愿任其完全自由，在自己的方法下追求自己的利益，而以其勤劳及资本，加入对任何其他人或其他阶级的竞争。[①] 总而言之，在斯密那里，市场经济的自由就要求维护人的财产、择业及能力等相关权利，实现自由逐利、自由竞争以及自由交换。

三、政府的有限职能与国家治理能力

尽管斯密强调自然自由经济体系的核心地位，但对其所面临的障碍也有着清晰的认识。在他看来，即使在商业文明处于高度发展的阶段，普遍的物质繁荣也无法克服人性的脆弱与不完善，完全依赖于市场的自由竞争与利益动机是不够的，商业社会自身存在着不足。现实的政治经济活动中存在的不公平不公正也严重地阻碍着经济繁荣与社会的自然进步。事实上，斯密并不是单纯地捍卫自由市场，他还强调政府职能对自然自由体系的保障以及立法者的智慧对商业社会中道德侵蚀的补救，沃哈恩曾这样来概括斯密的思想，只有当人们自由地追求利益的行为受到正义原则的制约，受到法治、公平的竞争并且贪婪冲动也受到制约时，市场经济才能良好地运转。[②]

第一，在经济活动领域，以个人自由与社会公正为依据，斯密提倡实行有限度的干预。他反对政府直接干预经济事务，并对干涉可能

---

① 斯密．国富论（上册）［M］．郭大力，王亚南，译．南京：译林出版社，2014：240.

② 沃哈恩．亚当·斯密及其留给现代资本主义的遗产［M］．夏镇平，译．上海：上海译文出版社，2006：中文版序言．

引致的危险予以强调。他认为，“把这种权力委在迂愚僭越自认宜于为此的人手中，真再危险没有。其实，这种权力，决不能安然委在任何一人身上，亦不能安然委于议会或元老院。[①]”在这里，斯密实际上反对的是君主或政府对经济事务的横加干涉，但他并不否认政府对经济领域中存在的特权或不公正行为进行干预的合理性与正当性。斯密以自然自由体系为基础，对经济干预设立严格的限定条件。在他看来，政府可以弥补自由市场经济带来的诸多“黑暗面”。这些“黑暗面”主要表现为：劳动分工对工人道德品质及智力的损害，马克思称之为工业化引起的劳动异化；人口增加引起的劳动力队伍扩大，导致的工人工资下降；商人或制造商之间相互勾结或不当逐利危害社会秩序；过度追逐财富导致的贪得无厌、道德败坏。这类社会“黑暗面”单纯依赖市场竞争机制无法得到解决。在斯密看来，解决这些问题，就要求政府强制性地实施公正的法律或者通过制定相应的法律法规弥补市场经济的缺陷与不足。政府不对具体经济行为进行直接干预，这不表明政府对经济事务不承担任何职责，在斯密看来，政府应通过税收手段实现经济的均衡发展，这些手段主要包括通过税收调节收入分配；运用税收调节市场贸易以及公共工程建设。

第二，在公共事务领域，文明政府的主要目的是保障自然自由体系的正常运行，维护自然正义。在斯密看来，政府虽然不是人类经济活动的主导者，却是社会存续所必需的维护者。基于自然自由制度的安排，他明确提出政府应当承担三项基本职能：一是保障国家安全，使其不受任何其他独立社会的扰害或侵犯，公共安全作为政府的首要义务，其原因在于富裕之国易受他国觊觎与攻击，如若国家对国防不

① 斯密．国富论（下册）［M］．郭大力，王亚南，译．南京：译林出版社，2014：24.

采取手段，就会丧失自我保卫的能力。而安全需求的扩大也是社会进步以及文明发展不可避免的结果。二是设立严正司法机关，保护社会成员使其免受其他成员不义行为的压迫或侵犯，私有财产的存在，必然引发不平等，为避免不正义的侵害，就需要强有力的司法机关对不法行为进行惩治，从本质上讲，对个人自由及占有权利的安全保障有赖于公正的司法机关。三是建设并维持公共事业与公共设施。这类对公共利益有所助益的事务，其利润不足以激励市场主体维持创建，政府担负的目的在于弥补市场不足，从而为商业发达提供便利条件。在斯密看来，政府综合来看，三项基本职责均指向公共利益，即对公共安全的保障和维护以及对个人“所费无足偿”的公共福利的担负。依据斯密的观点，无论是国家安全所需的“尚武精神”，还是公正司法取得服从所要求的“精神品格”，都是商业社会最易于受到侵蚀的部分，对于政府职能而言，也是其最应当发挥作用的领域，其目的在于构建与自然自由体系相适应的内在精神品质以及外在制度约束。政府履行的公共福利的职责，依然是在维护自然自由体系的基础上，为大众提供必要的公共服务。无论何种职业，依据努力原则获取相应的利益都有其必要。基于自由竞争，激发人们更大程度的努力。从根本上讲，自然自由的经济体系是社会进步的决定性力量，然而商业社会形态也有其局限性，它无法自然地安排社会发展所需的“一切能力和德行”。在斯密构建的理想商业社会秩序中，基于交换正义的保障，就能实现自然自由的运行。然而，现实中商业发展往往带来道德堕落，“人为法律”也易受私利与偏见的裹挟，政府职能的切实履行依赖于政治贤明国家的建立。

第三，基于现实的人性缺陷及商业社会的道德堕落，探寻理想的经济制度的可行性及可实现性。海尔布罗纳批判性地阐明斯密并不是空想主义者，他认为虽然斯密意识到了政治经济制度存在问题，然而他没有提出解决方案。瓦伊纳则认为，斯密的经济思想与道德思想相比，其空想程度少些。[①] 实际上，在经济学分析中，斯密认识到自由竞争产生的各种问题，比如自由制度中的就业不平等、不关注公共利益、抬高物价等，通过描述性因素与规范性因素的综合性分析[②]，斯密提出了可行性的解决方案，在他看来，与管制经济制度相比，商业经济制度是更好的选择，在人们的行为主要依赖外部强制性约束而不是内在的自我约束的阶段，公正的法律制度必不可少，很显然，斯密在经济分析中持有一种现实主义的立场；在道德理论中，斯密主张通过“伟大立法者”的智慧实现政治贤明，克服商业社会的诸种困境。他寄希望于建立起由伟大立法者统治的政治贤明的国家，在他看来，“伟大的立法者”就是坚持公正无偏的立场的统治者，他们能够不受利害关系或公众偏见的干扰与阻挠。而实在法的制定应当以“普遍幸福”为指导，而不为“片面利害关系”所左右，它体现出公正的司法要求。

本章小结

从上文的分析可以看出，斯密致力于将建构的理想商业社会秩序的三个层面实现有效连接，即“人性统一体—交换正义—自然自由体系”。也就是说，斯密富国裕民经济学体系内蕴的道德属性建立在这样假定的基础之上：在交换正义的保障之下，基于自然自由的市场

①② 沃哈恩. 亚当·斯密及其留给现代资本主义的遗产［M］. 夏镇平，译. 上海：上海译文出版社，2006：191.

运行机制，个人追求自利的行为将会带来无意识的社会整体福利提升的后果。在斯密看来，实现利益的协调发展依赖于人性中共有的同情共感机制、“自然正义”的基本保障机制以及“看不见的手”的利益协调机制，他对自由市场经济、正义法律制度与道德秩序的分析并不是彼此割裂的。

斯密的人性思想以系统的观念为基础，在他看来，商业社会中的行为体是自然性与社会性、利己与利他的统一体。从经验主义的立场出发，斯密阐述了市场经济萌芽阶段生产主体“经济人”追求自利的道德正当性以及作为与旧的生产方式相对抗力量所具有的道德进步性，同时他对过度自利行为进行批判。斯密并不是将“经济人”视为单一维度的行为体，他还认为“道德人”也是人性的构成部分，而斯密所言的“道德人”不同于传统意义的道德说教或超越物质利益的纯粹德性品格，而是指行为体能够通过自然情感进行行为调节，他们既关注自我利益及个人幸福，又将行为控制在社会规范之内。正是出于对自利的共同尊重以及自我约制，具有丰富意蕴的“经济人”与具有同情共感能力的“道德人”相契合。

在斯密看来，“不断改善自身境遇”的自然欲望是形成社会秩序的根源，人性中的同情共感能力限制、协调并指导着自我利益的实现，由此奠定市场经济中市民美德的基础。同时，他还意识到人性中的利己本能易于脱离其合宜性而侵入他人的利己活动领域，因而他强调交换正义与社会正义乃是市场经济的制度基础，也就是说，正义是对自由竞争的市场机制的限定条件，自由、自主的经济活动以不违反正义制度为前提。斯密认为，交换正义与完全权利密切相关，它既是行为体必须遵守的行为准则，也受法律制度保障，但他并不单单将社会正义看作与私人美德相关的不完全权利，他的社会正义主张中还蕴含着与自由竞争机制兼容的对穷人生存权利的关注。

理想商业秩序是斯密孜孜以求的理论目标。在他看来，这种理想追求就是自然自由制度。通过对管制经济的批判与对自由放任的扬弃，斯密力图揭示出自然自由经济体系与商业社会相匹配，从而阻碍市场自由运行的经济主张就会抑制经济发展与商业进步。尽管斯密强调自然自由制度的核心地位，然而他对商业社会面临的障碍也有着清晰的认识。在他看来，即使商业社会处于高度发展阶段，普遍的物质繁荣也无法克服人性的脆弱与不完善，完全依赖于自由竞争机制与利益动机是不够的，因而他强调政府职能对自然自由体系的保障以及通过立法者的智慧实现政治贤明，从而对商业社会中的道德侵蚀进行补救。

第三章 古典经济学道德观的偏离

——李嘉图经济学体系的科学化转向

作为古典经济学的集大成者以及具有独特影响的经济学家，李嘉图以高度的抽象性、科学性精神，深入到资本主义生产关系的内部，对资本主义的现实本质进行深刻、有力的剖析，采用严密的逻辑结构将经济活动简化为关于物的数量关系的经济学理论，进而使经济学成为与“工程学”方法相联系的实证科学，他的经济理论是英国古典经济学走向鼎盛的标志。美国经济学名誉教授斯皮格尔曾指出：“有了李嘉图，经济学丧失了以亚当·斯密的方法为特征的经验倾向而变得严格和抽象了。有了他，经济学也丧失了它同哲学的关系，变成了真正自治的东西，就是说，不依附于除了从它本身的思想体系的内部逻辑中产生的原则以外的任何原则。[①]”这种关于李嘉图经济理论的界定清晰地阐释了它的本质特性。综合来看，李嘉图确实不是有意识地运用哲学思维来分析问题，但是通过分析发现，李嘉图的经济学体系以资本主义现实的基本面向将自身的理论简约为“生产至上”的思维逻辑，其经济理论所触及的客观性的社会关系以及对客观生产力发展的关注体现出其哲学意义之所在。与以经济学的话语表达出以自

① 斯皮格尔．经济思想的成长［M］．晏智杰，刘宇飞，译．北京：中国社会科学出版社，1999：270.

然法为基础的浓厚的人本主义思想的斯密相比，李嘉图的经济学呈现出高度的学科独立性与理论自洽性的特征。海尔布罗纳对此也做出形象的描述，李嘉图呈现给世人的“是一种典型的木偶戏，把现实世界化为一种一度空间的漫画，这是个把一切都剥去，只剩下经济动力的世界。①”李嘉图的单向度的经济世界反映出处于工业化时期的资本主义的现实本质，然而依据经济学概念的源起与运用中所体现出的协调、管理经济活动及社会公共事务的本质属性来加以审视，却也折射出其经济理论中人本、正义维度的缺失。

第一节 李嘉图经济理论的逻辑基础

李嘉图与斯密有关经济理论认知基础的差异是他们对各自所面临的时代问题做出理论回应的必然反应。工场手工业时期，资本主义的内在结构和矛盾尚未清晰地显现出来，处于这一历史阶段的斯密将自己的理论建立在这样假定的基础之上，即通过分工能够实现物品的普遍丰裕；立足于工业革命基本完成的时代背景，李嘉图对社会贫富分化、利益冲突有了更深切的认识，他的理论体系以物质稀缺的经济世界为基本前提。与斯密相较，李嘉图经济学体系的独特性就反映在他以最为典型的资本主义社会现实作为研究的基本出发点，在其理论中展开对资本主义社会本质的剖析。在人性思想上，他摒弃一切情感、道德因素的考量，预先赋予理性主体在经济活动中的主导地位，使得“经济人”成为创造财富的工具性存在，仅仅具有物质性的意义。在

① 海尔布罗纳．几位著名经济思想家的生平、时代和思想［M］．蔡受百，译．北京：商务印书馆，1994：85.

理论阐述中，李嘉图考虑的是如何实现利润最大化，因而他的经济学体系就紧紧围绕着生产的发展而展开。对此，马克思评价李嘉图的这种毫无顾忌“不仅是科学上的诚实，而且从他的立场来说也是科学上的必要”。[①] 正是立足于资本主义生产发展的现实需求，李嘉图以劳动价值论为经济理论的基石，他触及了生产力发展在社会发展中的支配作用，揭示出具体的社会经济关系中的内在利益矛盾，从而他的经济理论达到资本主义范围内最具客观性的理论水平。

一、数字化“经济人”的人性基础

关于李嘉图的人性思想，学界基本没有相关的论述或研究，这主要源自两个方面的传统认知：一是作为斯密经济思想的继承者，李嘉图承袭斯密的“经济人”思想，并未独辟奇径；二是李嘉图经济理论的相关著作，如《政治经济学及赋税原理》与《李嘉图著作和通信集》大多是以经济论战或政策讨论的形式阐述机器大工业普遍建立时期解决实际经济问题的主张与见解，缺乏对人性思想的相关阐述。然而，将古典经济学家的思想纳入一个更为广泛的学科视域就会发现，李嘉图的经济理论摒弃一切“温情脉脉的面纱”，持有一种更为彻底的利益至上的人性态度，正如郭大力、王亚南做出的精辟总结，“在正统经济学者心中，似乎有一个抽象的社会存在。在这个社会中，人类只有一种活动，即谋利的活动，人类只有一种要求，即生计的要求，人类只有一个目的，即变成富裕的人。总之，这个社会内的人，是纯粹的经济人。他们被假定为没有道德，没有真理，没

① 马克思，恩格斯．马克思恩格斯全集（第26卷）［M］．北京：人民出版社，1973：125.

有艺术。[①]”这里所谓的正统经济学家主要指李嘉图。与其他的古典经济学家相比，李嘉图对经济行为的自利性本质特征的阐释达到极致，对此马克思一针见血地指出，“如果说有一个英国人把人变成帽子，……这个英国人就是李嘉图，一位银行巨子，杰出的经济学家。[②]”在李嘉图的经济学思路中，没有作为独立主体存在的人，只有以劳动量、资本以及地租等“物化”形式存在的商品，他所关注的是影响资本利润增长的诸种因素，以此为基础，李嘉图将从经验层面进行的行为体的自由自主活动的理想化设定推向现实的、客观化的资本主义生产关系的分析。

李嘉图的数字化人性思想始终受到抽象人本主义的批判，其中具有代表性的当属同时代经济学家西斯蒙第和青年时期的马克思。历经法国大革命后小生产者的破产分化以及英国经济危机的爆发，针对工业化时代人类面临的“凡是物取得进步的地方，人就得受苦”的困境，西斯蒙第对此提出诘问，他批评英国古典经济学“所考察的只是财富”而忽视“人”，尤其将批判矛头指向李嘉图，他认为李嘉图在斯密基础上将理论数字化，使经济学成为“为了抽象的理论而牺牲人和现实利益”的“伪科学”。[③] 可以看出，西斯蒙第立足于人的主体性地位对李嘉图经济学进行抽象性批判，在一定意义上，西斯蒙第已经意识到人的主体性价值以及生存境遇改善的重要性，这反映出他经济理论研究中的人本主义思路，但他是站在小生产者的立场上对资本主义经济活动进行的道德批判，其实质是反对经济自由主义，从

---

① 李嘉图．经济学及赋税之原理［M］．郭大力，王亚南，译．上海：上海三联书店，2014：11.

② 马克思，恩格斯．马克思恩格斯选集（第1卷）［M］．北京：中共中央编译局，1994：136.

③ 西斯蒙第．政治经济学新原理［M］．何钦，译．北京：商务印书馆，1989：527－528.

而他的思想体系既无法深入资本主义物化生产的内在本质，也无法满足资本主义发展生产的时代需求。基于人道主义的伦理预设以及哲学的反思，青年马克思以抽象的伦理批判指责李嘉图经济学中人性主体的缺失，从而将其界定为“人性在国民经济学之外，非人性在国民经济学之中”的“伪科学”。[①] 尽管青年马克思未能从生产力与生产关系的层面认识到李嘉图经济理论的科学高度，抽象人本批判也未能与李嘉图的资本主义本质现实的经济话语形成正面论争，然而他以广泛的理论视野揭示出李嘉图经济理论缺乏人本维度的审视，指明经济理论研究应有的人本思路。正如英国著名经济学史家约翰·印格拉姆所言，李嘉图“缺乏对人类本性和人类生活的宽广的眼界和理智的观点；他缺乏强烈的社会同情心，而这种同情心在国民经济这样的研究领域内，是非常宝贵的一种品质”。[②]

二、古典功利主义的伦理基础

西方学界存在一种观点，他们称李嘉图是哲学自由的经济学家，其经济思想与功利主义没有关联。美籍奥地利经济学家熊彼特在《经济分析史》中就指出李嘉图不是功利主义者，他那“繁忙而务实的思想中根本不存在哲学”[③]，英籍意大利经济学家斯拉法也坚持与之相同的立场，他认为李嘉图的科学兴趣对其思想形成具有决定性影响，霍兰德则认为李嘉图未出版的书信、笔记均没有显示出他坚持

① 马恩列斯研究资料汇编［M］. 北京：书目文献出版社，1980：40.

② 卢森贝. 政治经济学史（第1卷）［M］. 北京：生活·读书·新知三联书店，1959：391.

③ 熊彼特. 经济分析史（第二卷）［M］. 杨敬年，译，北京：商务印书馆，1992：144.

"边沁、詹姆斯·穆勒学派"的理论依据。"詹姆斯·穆勒的经济理论作为服务于其政治系统的工具"，在方法论方面，对李嘉图没有产生影响，边沁的直接影响也微乎其微。[①] 综合来看，在李嘉图的著作中，虽然没有明确地对经济问题进行哲学审视，也没有对边沁功利主义中的个人与社会关系的关键性问题进行处理，但如果由此得出李嘉图经济思想与功利主义毫无关联的结论则有失偏颇。

马克思、恩格斯曾明确地指出，对古典经济学而言，功利论是它"心照不宣的前提"[②]，显然，功利论也对李嘉图经济思想产生影响。但必须指明的是，李嘉图与功利主义之间的联系主要来自詹姆斯·穆勒。边沁对此做过描述，"我是詹姆斯·穆勒的精神上的父亲，詹姆斯·穆勒是李嘉图的精神上的父亲，因此李嘉图是我的精神上的孙子"。[③] 边沁的观点精确地表达出了他和詹姆斯·穆勒与李嘉图思想的关联，这种影响尤其体现在激进的社会变革方面，李嘉图的理论与边沁的反租税、反贫困法、反谷物法是大体一致的。事实上，詹姆斯·穆勒提出"李嘉图主义"，并将之视为一种"功利主义经济学"，在这种学说中，"科学"不是由哲学所启发或引导的；相反，李嘉图经济学的"科学性"是激进主义观点的组成部分。对于这种关系以及思想的承继，哈奇森也做过分析，"边沁主义在斯密与李嘉图之间的功利主义政治经济学的演变中发挥了重要的作用"。[④] 也就是说，

① Hollander, S. The Economics of John Stuart Mill [M]. Toronto and Buffalo: The University of Toronto Press, 1985: 28.

② 马克思，恩格斯．马克思恩格斯全集（第3卷）[M]．北京：人民出版社，1960: 479.

③ Sergio, Cremaschi. Ricardo and the Utilitarians [J]. History of Economic Thought, 2004, 11 (3): 377-403.

④ Hutchison, T. On the Interpretation and Misinterpretation of Economic Literature: the Preposterous Case of David Ricardo [J]. In the Uses and Abuses of Economics. London: Routledge, 1995: 107-126.

边沁奠定了将功利主义运用于经济学的理论基础，却也体现出效用、功利概念的差异性运用。

李嘉图与斯密同样以功利论为前提，但二者对于核心概念效用的运用却截然不同。在斯密那里，有关效用的论述与边沁的功利主义没有相关性，斯密所谓的效用，包括两个层面的内容：其一，最为直接、简单的含义，即“有用、有益”，为实现目标采用的工具性手段；其二，作为快乐的外在形式的效用来源于和谐感，即以合宜的手段达到目的以便促进、体验和谐的快乐。① 也就是说，斯密的效用理论并不意味着以快乐与否作为行为的评判标准，而是强调行为手段与目的适宜与和谐。边沁功利主义的效用概念则是指事物所具有的产生一定程度的满足的属性，效用原则由行为主体的苦乐感觉支配，在此基础上形成一种后果论的分析框架即行为的评判依赖于行为后果产生的满足，假定每个行为主体趋向于实现个人的最大限度的满足，而社会政策依据效用原则实现社会福利的最大化。李嘉图既深受功利主义效用原则的影响却又与边沁的“经验效用”有很大的差别，他将效用与个人主观感受、个人评价分离开来，以客观的“经济效用”即生产的发展作为评判一切行为的标准，因而，在李嘉图的经济理论中，“生产的利益”就成为行为评判的依据。

从本质上讲，李嘉图坚持的功利主义也是一种经济效用主义。“在资本已经生发出来的世界市场（世界历史）的更高尺度上，李嘉图最终实现了从人到物（资本关系）的过渡，即完全以客观生产力的发展为第一尺度。②” 也就是说，产业革命的完成标志资本主义生

① Witztum, Amos and Young. Jeffrey T. Utilitarianism and the Role of Utility in Adam Smith. [J]. History of Economic Thought, 2013: 573 - 601.

② 张一兵. 回到马克思：经济学语境中的哲学话语 [M]. 南京：江苏人民出版社，1999: 63.

产方式的确立，作为产业资产阶级的代表，李嘉图的经济理论摆脱了“用资本主义当事人的眼光来看待事物”的自然主义经验论的限定，形成一种超越特定的阶级立场的“真正的科学抽象的方法”，即以是否符合生产的利益，或者是否符合人类劳动生产率发展的利益作为其赞成或反对某种经济行为的标准。李嘉图从客观现实层面探寻经济效用最大化的影响因素，进而把与自由经济、资本积累相适应的资本主义生产方式视为最有利于生产发展与财富增加的生产方式，也是在这个意义上，李嘉图超越特定阶级局限分析客观的社会关系以及生产力的发展才具有重大意义。

三、“劳动创造价值”的理论基石

在古典经济学的理论演进中，价值概念是由现代商业社会兴起过程中探寻财富的来源、私有财产的合理性等问题时自觉形成的，从重商学派、配第等研究财富来源及性质，经由洛克、重农学派对劳动与财富关系的理论探索，价值理论逐渐从对私有财产的抽象考察转向对社会结构的相关阐释，进而成为生产发展的现实运用。在对劳动创造价值的理论展开中，李嘉图突破价值概念的含混使用，批判性地修正斯密的劳动价值理论，真正地实现由劳动财富观到劳动价值论的转变，使得劳动价值论成为古典经济学的核心问题进行探讨。从逻辑的层面上讲，劳动价值论既是李嘉图经济理论体系的基石与出发点，也是“资产阶级经济学在其不可逾越的发展界限内的虽不充分但是最好的分析。[①]”这同李嘉图在严格的抽象水平上向科学的方法迈进相

① 陈岱孙．从古典经济学到马克思：若干主要学说发展略论［M］．上海：上海人民出版社，1981：70.

一致；而从现实的层面上讲，为实现生产的发展，就必须通过劳动克服自然阻力，创造出与生产发展的需要相适应的生产要素。基于此，李嘉图不只是实现价值理论的推进，更是以客观抽象的方式把握资本主义社会本质的经济利益关系。

与市场交换相联系的经济学意义上的价值理论经历从实物形态的财富观向抽象意义的劳动价值论转变的发展过程。而价值概念以及价值理论是重商主义出现之后逐渐形成的，代表资本原始积累时期的国家经济学说以及政策体系的重商主义是为了适应资本主义货币积累以及市场扩展的需要而产生的，它们主要对财富概念而不是价值概念进行了阐释，从国家财富源自商业贸易活动的市场逻辑出发，它们认为财富就是具体物质形态的金银以及充当一般等价物的货币，财富的增加体现在流通领域而非生产领域。可以看出，重商主义的货币财富观，仅仅适用于商业经济活动的市场交换关系之中，一旦离开交换关系，离开货币作为一般性商品对于人的有用性，货币就会丧失其充当财富的功能。从本质上讲，重商主义将流通媒介当作财富本身，这种通俗观念的财富认知尚未触及真正经济意义上的使用价值以及价值的相关研究。

在对重商主义的货币财富观批判的基础上，重农主义提出使用价值的财富观。它批评的核心问题就是流通领域根本无法创造财富，仅仅实现了财富的转移，只有生产领域才能创造财富并实现财富的增值，它们从财富往往同物品的使用价值密不可分的经济现象中，推断出财富是具有使用价值的物质产品，财富的生产就意味着具有使用价值的物品的生产与增加。在经济活动中，只有依赖于土地的农业劳动能够生产出满足人类生存所需的具有使用价值的物质产品，因为在农业生产劳动中，使用价值的增加就是物质财富本身的增长，其他的工商业领域只能改变或转移物质形态。可以看出，重农主义从生产领域探讨财富增长问题以及从物的使用价值属性揭示财富的内涵都具有历史的进步意义，然而仍然没有突破实物形态的狭隘视野。无论是重商主义还是重农主义，都是局限于某种特定内容的劳动来考察财富的来源，关注的是价值形态的具体表现形式，无法触及科学的价值概念，从而财富仅仅具有外在于人的物质意义。

在此基础上，斯密系统地阐述劳动价值论，明确指出劳动是一切财富的源泉，从而将局限于某一领域的劳动上升到“劳动一般”的层面，也将作为物的形态的财富研究扩展到抽象的市场交换的价值法则研究。在斯密看来，“只有劳动是价值的普遍尺度、正确尺度了。换言之，只有劳动才能在一切时代一切地方，比较各种商品的价值了。[①]”将“劳动一般”作为衡量商品价值的尺度是迈向科学的价值理论的关键一步，然而由于历史的局限以及方法论上的矛盾，斯密含混地提出了生产劳动、交换的劳动以及生产费用等不同衡量标准的价值理论，从而使得劳动价值论不具有一贯性，也就无法科学地说明资本主义生产与再生产的内在矛盾。

李嘉图对斯密的不彻底的劳动价值论进行批判性修正。他摒弃对财富、价值等范畴的混乱使用，始终坚持劳动价值理论，并对其他的任何的非劳动价值理论进行批判性修正。李嘉图的价值论以斯密劳动价值论的基本原理为出发点，首先，他对斯密关于使用价值与交换价值之间的关系问题进行批判性继承，他赞成斯密提出的使用价值不能作为交换价值的尺度的观点，反对将二者视为商品中可以分离的价值属性，进而指出使用价值是交换价值的必要前提，二者不可分裂，商

① 斯密．国富论（上册）［M］．郭大力，王亚南，译．南京：译林出版社，2014：30.

品的交换价值取决于它的稀缺性以及生产商品耗费的劳动量；其次，李嘉图最早对斯密劳动价值论仅适用于前资本主义时代，而在资本主义时代运用“生产费用论”的观点进行了批判。在他看来，斯密关于劳动价值论的矛盾性观点源于对价值创造与财富创造的混淆使用。人类的一切生产活动都是经过劳动将自然资源、社会资源转化为具有使用价值的物品，唯有如此才能在商品的交换中实现物品的价值转换。土地本身并不能实现价值创造，也不是价值的构成部分，它只是进行生产创造的必要构成要素，离开人类劳动的土地本身不具有任何价值；资本作为人类间接劳动的积累，也仅仅在财富创造中发挥着作用，其本身并没有实现价值增值；商品生产是人类间接劳动与直接劳动共同作用的结果，因此，劳动不仅创造财富，更是价值创造的唯一源泉。

李嘉图的劳动价值论虽然有其重要的历史进步意义，但是由于所处历史时代以及阶级意识形态的局限性，李嘉图所代表的古典经济学时期最高限度的价值理论仍然有其无法解决的根本问题，马克思就指出其经济体系存在着难以回避的两大难题：一是未能阐明劳动与资本的交换如何才能与价值定律相符合的问题；二是未能说明等量资本如何能够提供等量利润的问题。即使如此，李嘉图建立起资本主义视域内“最透彻”的劳动价值论，从而奠定科学化的价值理论基础的地位是不可磨灭的。价值论也成为其经济体系的理论基石，他的自由贸易理论以及财富分配理论都是紧紧围绕价值理论展开的。

第二节　自由至上：经济学体系的价值取向

在基本价值取向上，李嘉图持有与斯密相同的自由主义立场。与斯密追求的自然自由不同的是，李嘉图的自由主义与“生产利益”至上的效用主义紧密相连。因而，为追求效用最大化的终极目标，他主张实行更为彻底的经济自由放任。如理查德·布隆克所指出的，“正是古典经济学与功利主义的共生。自由市场和自由主义逐渐被视为一种有价值的社会理想，同时又是一种有价值的方法论。①”受到抽象性的一般方法的指引，从经验观察的经济法则转向以逻辑建构为基础的经济规律的探寻是李嘉图与斯密传统的又一个重要差别，“经济规律，这个词是斯密从未使用过的。②”李嘉图以逻辑推理的形式揭示出的经济运行规律包括两个方面的内容：其一，经济活动遵循完全自由的竞争法则，资本与劳动得到最有效的配置，个人利益与社会利益就能实现有效结合；其二，国际贸易中客观存在着经济运行规律及法则，即“比较成本说使贸易互利原理普遍化、一般化”，如果说前者是对斯密经济自由思想的继承，后者则实现了自由贸易理论的创造性发展。李嘉图阐述的经济运行规律建立在这一假定的基础之上，即妨碍自由贸易的羁绊已不存在。在他看来，经济活动按照自身的运行法则所表明的最佳方式运行，政治活动仅局限于消除经济运行的障碍，破除经济运行中的各种阻力。因此，李嘉图主张实行完全自由的商业经济体制，反对政府对经济活动进行直接的行政干预，而政府对经济活动做出的必要限制就在于以法律手段维持自由竞争秩序。

一、完全自由的商业经济制度

李嘉图虽然没有专门论述自由竞争的相关理论，但是自由竞争却

---

① 布隆克．质疑自由市场经济［M］．林季红，译．江苏人民出版社，2000：261．

② 威廉·斯皮格尔．经济思想的成长［M］．晏智杰，刘宇飞，译．北京：中国社会科学出版社，1999：277．

是他的经济理论的基本前提。他强调自由竞争对资本优化配置发挥着积极作用，正是自由竞争使资本自由流动，自动地调节利润率以及市场中的供求关系，从而使社会经济趋向良性发展的轨道。李嘉图还接纳斯密对国家职能的定位，反对任何形式的国家经济干预，主张实行完全自由的商业经济制度。

在《国富论》中，斯密指出国家财富增长取决于资本的增加以及资本在各行业的优化配置，而实现优化配置的最佳路径就是市场自由竞争。李嘉图尊崇斯密揭示出的市场竞争的重要作用，他认为自由竞争能使市场供求平衡、利润平均化，社会良性发展。在自由竞争的市场环境下，资本按照市场规律在各行业间自由流动，每一个行为体可以自由地支配自身拥有的资本，自然地将资本投向最为有利可图的行业，“假设资本改业，可收利润百分之十五，他自然不能满足于百分之十的利润。投资家莫不要避教不利而趋就有利。[①]”因此，从运行逻辑上讲，市场中的资本会自动从利润低的行业流向利润高的行业，从整体趋势上看，在市场的自由竞争中，利润趋于平均化。一般而言，在自然价格不变的情况下，市场价格高的商品的利润率高于一般利润率，而市场价格低的商品的利润率低于一般利润率，自由市场中的资本与劳动会自动地从供过于求的行业转移到供不应求的行业，从而实现市场的供求平衡。由此，市场价格与自然价格接近，实现资本利润的平均化。按照李嘉图的观点，在完全自由竞争环境中的价格信号能自动地对资本的流动进行有效调节，资本受利润驱动依据商品价格的变动在各行业间自由流动，而商品的供求关系就在资本的流动中实现平衡，使社会经济获得良性的发展。

---

① 李嘉图．经济学及赋税之原理［M］．郭大力，王亚南，译．上海：上海三联书店，2014：42.

在完全自由的市场环境中，自由竞争机制是实现个人利益与社会利益结合的最佳方式。李嘉图指出，自由经济制度是实现经济发展的最有效方式，个体不受任何限制与束缚地运用资本与劳动会自然地促进社会财富的整体增长。他在肯定自由市场竞争能够实现社会整体利益的同时，强烈反对国家对经济活动的任何干预行为。李嘉图明确提出市场经济的基本运行法则及规律，即“自由贸易的实际法则——也就是取消对任何工业的一切人为的限制或鼓励……总之，要放弃过去通用的使工业转向正常经济力量不会导向的轨道的做法。[①]”也就是说，关于个人如何支配资本，是否将资本运用于最有效率的行业中，国家既无权力也无能力做出决定，国家对依据“自然之理”的市场竞争进行强行干涉无疑是“有害和不智的”；市场交易中建立起的利益交换的契约关系，“不可加以法律加以限制”。可以看出，李嘉图反对政府对经济活动进行直接的行政干预，而政府对经济活动做出的必要限制就在于以法律手段维持自由竞争秩序，从本质上讲，就是保证经济契约的公平履行。

自由竞争市场除了实现资本优化配置以及提升社会整体利益之外，李嘉图还乐观地指出市场自动调节机制可以纠正局部生产过剩，避免普遍生产过剩危机的发生。他强调资本积累以及扩大再生产，这就涉及资本的无限积累是否会引发生产过剩问题。一方面，受萨伊的“生产由需求创造”思想的影响，李嘉图认为资本主义的生产、消费与购买形成连续性环节，从而生产与消费之间是平衡的，不可能存在一般性的生产过剩危机；另一方面，李嘉图还认为欲望的无止境使得生产难以满足人们的消费需求，由此也不会出现生产过剩危机。显而

① 霍兰德．大卫·李嘉图百年评价［M］．刘振东，译．北京：商务印书馆，1979：118.

易见，李嘉图对市场自由竞争的调节后果充满期待，他对生产与消费之间能够实现均衡给予乐观的估计，忽视自由竞争存在盲目性、自发性以及调节的滞后性缺陷，没有意识到生产社会性与资本主义私人占有之间的矛盾，也就无法预测出普遍性的生产过剩危机产生的可能性。因而，他关于“需求无限，生产无限”的无危机论是错误的思想。持有不同主张的马尔萨斯虽然在价值论的基础上，就生产过剩危机问题与李嘉图展开论战，提出资本主义条件下的有效需求不足将导致生产过剩危机的不可避免，而经济制度也无法根治资本主义自身的内在缺陷，然而由于地主阶级的立场的局限，无法与李嘉图无危机理论中的错误思想形成正面争锋，因而不可能达到李嘉图本能的、为资本主义现实而辩的理论高度。

二、互惠互利的国际自由贸易

李嘉图推崇通过自由竞争实现资本的最优配置，他还进一步指出，“在交易完全自由的制度下，按照自然趋势，各国都把资本劳动，投在最有利的用途上。个人利益的贪图，以及有关于全体幸福。……同时，一般生产额的增加，将普施福利于全文明世界，在共同利害关系上，把世界结成一体。①”很显然，李嘉图对自由的财富增长进程及实现普遍幸福抱有乐观的评估。他将财富视为达到幸福的重要手段，强调这种手段对于幸福的目的来说是决定性的，人们的幸福程度由所需商品的富足程度来评判②，从而能否实现财富增长既是幸福与否的

① 李嘉图．经济学及赋税之原理［M］．郭大力，王亚南，译．上海：上海三联书店，2014：74.

② 李嘉图．李嘉图著作和通信集（第二卷）［M］．蔡受百，译．北京：商务印书馆，1979：200.

衡量标准，也是一切经济活动的评判标准。对李嘉图而言，自由市场与自由贸易能够使财富得到最大限度的增长，也就能够增进人类幸福。这样，自由贸易不但有利于缓解利润降低、资本积累减少的自然趋势，市场范围越广阔，对国家利益与普遍幸福的增进就越有益，“最大多数人的最大幸福”即物质福利最大化的功利主义追求也在国际自由贸易中得到最鲜明的阐发与运用。

比较优势理论是国际贸易中各国选择和决策的基本理论依据。作为国际贸易体系的创建者，李嘉图最先将国际分工的基础从简单绝对的优势成本分析转向灵活相对的比较优势分析，使得比较优势学说成为普遍性的自由贸易的理论基石，开启了国际互惠互利自由贸易的繁盛时代。作为首个对国内与国际贸易进行区分的经济学家，李嘉图在斯密绝对优势学说的基础上，提出比较优势理论。基于增加国家财富的需要，斯密论证绝对优势对国内分工与贸易的有利影响，并由此推演出，依据各自的绝对优势参与国际分工与贸易对参与国也是有利的。然而，绝对优势的形成依赖于先天的自然优势以及后天的获得优势，各国占有资源与经济技术发展的差异性决定拥有占绝对优势的劳动生产率的有限性，也就是说，只有拥有绝对优势的参与国才能够在国际贸易中实现互利，而不具备绝对优势劳动生产率的国家无法从国际贸易中获利。从这个意义上讲，以绝对优势原理作为国际贸易与分工的基础仅能实现少数发达国家的利益共赢。而李嘉图的实现普遍性的互惠互利的比较优势，有两个层面的内涵：其一，参与国际分工与贸易的产品的劳动生产率是国内所有产品中最高的，在本国同类产品中占据绝对优势；其二，参与国生产同一产品权衡机会成本的差异，以优势中的相对更优或劣势中的比较优势产品参与国际竞争。他的比较优势理论清晰地阐述在商品交易中，尽管一方拥有相对较少的资源或无资源优势，而贸易如何有利于交易双方。也就是说，在国际商品交易中，以“两害相权取其轻，两利相权取其重”的比较利益原则为指导，不同国家生产同一产品的机会成本的差异，参与国利用国内比较优势产品参与国际分工与合作，交易能够实现互惠互利。正如布坎南所言，李嘉图原理所阐明的不是任何专业优势本身，而是商品生产的比较成本的差别在专业优势中的逻辑力量。① 正是通过这种逻辑，李嘉图无可辩驳地论证了各国参与国际自由贸易比在相对封闭的条件下能获取更大利益，由此奠定了世界范围的国际分工与合作的坚实基础，国际贸易的比较优势理论对于生产力发展、经济效益提高以及物质福利的普遍改善产生重大影响。

作为以劳动价值论为出发点论证国际分工与交换能够实现双方互利的基本原理，比较优势理论本身无法解释国际交换的价值原则问题，因而存在难以克服的理论缺陷。但正如萨缪尔森所言，“尽管比较优势理论有其局限性，但是它是经济学中最深刻的真理之一。那些忽视比较优势的国家在生活水平和经济增长方面会因此而付出沉重的代价。②”归纳起来，以比较优势为基础的自由贸易的重要意义及价值主要体现在两个方面：其一，从国家范围看，国际自由贸易有利于国家利益的普遍实现。在李嘉图看来，进口奢侈消费品，利润率不会发生变动，只有进口生活必需品，才能降低国内生活必需品的价格，从而有助于提高利润率，刺激资本积累，实现国家财富的增加。一般意义上而言，“国外贸易，因可增加消费品的数量与种类，鼓励人们

---

① Buchanan, James M. Natural Equality, Increasing Returns, and Economic Progress: A Reinterpretation of Adam Smith's System. Division of Labour & Transaction Costs, 2005 (1): 57 -66.

② 萨缪尔森，诺德豪斯．《经济学》（第18版）[M]．萧琛，译．北京：人民邮电出版社，2008：262 -263.

蓄积节省，于国家诚有莫大利益。[①]”其二，从世界范围看，在广泛而自由的国际贸易中能够实现人类普遍幸福。李嘉图认为，“我们的幸福，虽可由利润率提高而增进，……而生产物品与他国物品交换，亦同样可增进我们的幸福。这两个增进幸福的方法，对于人生，同样重要。[②]”这里的幸福主要指丰富的物品供应、充沛的物质享受，通过开拓国际市场的方式，资本和劳动达到最有效配置，世界范围的整体经济效用达到最大限度的满足。

第三节　从财富生产转向财富分配：经济学体系的核心内容

从古典经济学研究主题的演化角度来看，李嘉图转变斯密将经济增长与财富增加作为经济理论目标的主张以及对自然和谐的理想化认知，他认为收入分配是影响财富生产的关键因素，以何种方式配置资源实现利润最大限度的增长成为要解决的核心问题，他将研究的重点由生产领域转向合理配置资源的分配领域，并将分配法则的确定视为经济学的主要问题。基于这一主题定位，李嘉图从现实的人类生存方式出发，以自然的吝啬、资源的匮乏为分析的基础，剖析现实中社会经济利益关系的对抗性矛盾并揭示出资本主义的剥削本质。虽然他以各阶级经济利益对立为分析的起点，考察资产阶级制度的内部结构，但是他对资本主义的非社会历史性认知更甚于斯密，他将市场、资本以及私有产权视为普遍性范畴，将资本主义社会

①② 李嘉图．经济学及赋税之原理［M］．郭大力，王亚南，译．上海：上海三联书店，2014：73.

关系看作是永恒的自然关系。

一、由市场决定收入分配法则

在斯密的经济学体系中，分配附属于生产，对分配问题的探讨源自社会生产发展的需要，李嘉图则在单纯地关注生产发展中对资本利润的未来前景充满忧虑，将分配视为与生产发挥同等重要作用的经济领域，分配学说也成为李嘉图经济理论具有创新性的组成部分。

在李嘉图的分配理论中，工资论无疑占据至关重要的地位。他论证了由市场法则决定的工资理论的形成逻辑。首先，他以斯密"劳动的自然报酬或自然工资"概念为基础，明确地界定了劳动的自然价格与市场价格，李嘉图认为，"劳动自然价格，乃取决于劳动者维持一身、维系一家所必要的食品、必需品、习惯享受品的价格。[①]"在这里，李嘉图所谓的自然价格仅是生理学意义上的生存工资，与斯密蕴含历史与道德因素的符合"最低人道标准的工资"相区分。可以看出，李嘉图正式确立了生存工资的基本内涵，明确提出平均工资与自然价格趋平。劳动的市场价格则是"依供求比例的自然作用，实际付出给劳动者的价格"。李嘉图实际上要阐明劳动力的价值与价格之间的关系，即劳动的市场价格围绕自然价格上下波动，前者高于后者，劳动者繁荣幸福；前者低于后者，则劳动者境况悲惨。这种波动关系体现出价值规律扩展到劳动力商品层面。其次，他提出"工资法则"，即工资由市场自由竞争决定，不受任何法律限制。李嘉图基于产业资本家的立场将这一法则看作"支配社会上最大多数人类

① 李嘉图．经济学及赋税之原理［M］．郭大力，王亚南，译．上海：上海三联书店，2014：45.

幸福的法则。”然而，从劳动者以及无产阶级的立场来看，这一法则，毫无疑问是最为冷酷的分配结论，却也是资本主义分配关系中最客观真实的结论。①

作为李嘉图经济学体系中的重要范畴，地租理论在分配理论中占据最重要的地位，地租理论体现出鲜明的时代特征以及革命性特质。所谓的时代特征，就是顺应自由资本主义经济快速增长的需求，以分配带动生产，促进资本积累；所谓的革命性特质，就是指明前人未曾了解到真正的地租原理，这种真理蕴含在上述财富增进与工资、利润等关系之中。李嘉图所探讨的地租法则实际上就是考察地租的产生是否单独地对商品相对价值的变动产生影响。对此，他做出绝对地租与相对地租的区分，绝对地租源于不充分竞争条件下的私有产权、土地垄断导致的农产品价格的人为抬高；相对地租则是产业资本家投入产业资本获取的回报。因此，作为地主“使用了原有不可灭的土壤力”所得的绝对地租带有负面导向性，实际上是剥削、不劳而获的产物，妨碍资本积累与生产发展；相对地租带有正面导向性，是生产的、激励性的产物。李嘉图推论出，垄断特权、私有制阻碍劣质地的开发利用，抑制生产力的充分发展，而要实现生产力最大限度的发展，就要废除封建土地私有特权。这也意味着李嘉图反对绝对地租，鼓励相对地租即级差地租的存在。在土地肥沃以及位置差异基础上，李嘉图建立起级差地租的初步的理论体系，对地租理论做出重要贡献。然而李嘉图没有意识到土地所有权的垄断才是地租产生的根本原因，完全否认绝对地租的存在也导致其地租理论存在重大缺陷。

在分配理论中，李嘉图指出利润与工资之间的对立关系。在他看

---

① 李嘉图．经济学及赋税之原理［M］．郭大力，王亚南，译．上海：上海三联书店，2014：译序．

来，资本不能创造价值，利润来源于工人劳动形成的价值，是剩余价值的特殊变化形式，被资本家无偿地占有。资本利润与劳动工资在资本主义的分配中形成反向的关系。依据李嘉图的分析，既然商品价值来源于生产商品花费的劳动时间，自由竞争市场中商品交换是等价交换，那就意味着包含在商品中的利润同样来源于生产商品的劳动，商品的全部价值就包括资本利润与劳动工资。“利润高低由工资高低而定，工资高低由必需品价格藤落而定，必需品价格藤落，又主要由食物价格藤落而定。①”在这里，李嘉图实际上设计了一种简单的以基本生存资料为基础的分析模型来说明资本主义分配与价值之间的关系，根据生存工资的假定，推论出利润率取决于工资率与劳动生产率，在劳动生产率既定的情况下，利润率与工资率之间成反比关系。在这种关系中，“利润之自然趋势，乃是下降。社会进步，财富增进，获取必要追加食物量，须费追加劳动。②”李嘉图虽然揭示出分配中利润与工资之间的对立，却仅仅关注遏制利润较少的有效途径，明确提出利润的较少会减弱蓄积利润的动机，进而阻碍经济发展，明显带有为资本利润辩护的性质。

二、由理想的自然和谐论转向现实的利益冲突论

依据斯密的观点，虽然构成商业社会的三大主要阶级在资本主义生产体系中的地位、作用各不相同，然而，以商品经济的自由运行为依据的收入分配却能形成一种自然的和谐秩序，这种自然秩序不是人

---

① 李嘉图．经济学及赋税之原理［M］．郭大力，王亚南，译．上海：上海三联书店，2014：63.

② 李嘉图．经济学及赋税之原理［M］．郭大力，王亚南，译．上海：上海三联书店，2014：64.

为或外部作用的结果，而是一种“自然趋势”，这种自然趋势隐藏在经济活动之中，并支配着人类的经济活动。这种自然趋势指的就是市场中各种不同力量相互作用形成的市场均衡，很显然，斯密假定的自然和谐是一种理想性的构想。与斯密不同的是，李嘉图从客观的社会关系以及机器与失业之间的关联层面，揭示出现实的资本主义阶级利益的不和谐以及劳资之间的严重对立。

“不能在田园诗意的画境中去寻找李嘉图”。在李嘉图的分配理论中，商品价值由劳动创造，并在三个阶级之间分配：劳动工资由劳动者所需的生活必需品的价值所决定，利润是商品价值超过工资部分的余额，地租则是扣除工资与利润的剩余，三者在分配关系之中形成此消彼长的关系，李嘉图由此揭示出劳动者、资产阶级与地主阶级之间经济利益的对立关系。可以说，劳动工资、地租以及利润在李嘉图的分析思路中不再如同斯密那里一样是三方之间订立契约讨价还价的最终结果，而这种分配关系已经触及到他们各自最基本的利益或者最低限度的利益。[①] 正是因为李嘉图对阶级利益对立的前瞻性分析，致使其分配理论遭到更多的质疑与批判，从而与其他经济学家的论争成为理解其分配理论的重要路径。所以，不能够在充满田园诗意般的画境中去寻找李嘉图，而是要在严谨的经济论争中寻找他。[②] 也是在经济问题的论战中，李嘉图揭示出客观存在的阶级对立关系。在同经济学家萨伊以及马尔萨斯有关财富问题的论战中，李嘉图指出地租并不是创造出的新财富，它仅仅实现了财富的转移，事实上，封建土地所有权与资本所有权之间存在对立，在这种对立关系中，他把封建土地

---

① 唐正东．从斯密到马克思——经济哲学方法的历史性诠释［M］．南京：江苏人民出版社，2009：103.

② 卢森贝．政治经济学史（第1卷）［M］．李侠公，译．北京：生活·读书·新知三联书店，1959：396.

所有者视为资本主义社会的毒瘤，认为地主阶级的利益与其他一切阶级的利益相抵触，同时，他还把资本家与雇佣工人之间的对立关系视为既定的东西，是符合自然规律的。并且反对提高雇佣工资，认为这不利于社会经济发展，阻碍资本积累。综合来看，李嘉图拥护工业资产阶级，是因为他把资产阶级看作同一切阻碍社会发展的力量相对抗的进步力量。由于李嘉图没有像斯密、边沁那样宣扬社会利益的和谐与统一，而是正视资本主义分配领域的对立关系。正是在这个意义上，李嘉图从唯物主义的立场出发，取代理想主义视域下的自然丰裕的假定，揭示自然资源稀缺的客观现实。

资本主义机器大工业的发展带来的并非理想的自然和谐与福利的普遍提升，而是劳资矛盾的激化与严重的阶级对立。李嘉图关于机器使用对社会各阶级利益产生影响的认知发生了重大的转变。最初受斯密经济思想的影响，他认为在生产部门使用机器，“结果可节省劳动，故于公众有利。[①]”随着资本积累增加、失业人数增多以及工人日益贫困，李嘉图对这一问题进行重新审视，同时，受经济学家约翰·巴顿提出的劳动力需求不随资本增长而正比例增加的经济规律的影响，李嘉图彻底改变先前的想法，进而修正“机器的普遍使用，资本利润和地租增加的同时，工人阶级收入也相应增加”的错误认知，明确阐述了资本积累的规律，即机器的使用导致人口过剩，随着资本积累增加，资本利润提高的同时，工人阶级的生活状况日益悲惨。李嘉图认为，机器的普遍化使用，引发机器代替人类劳动，有益于地主阶级及资产阶级，对工人阶级的影响却极其有害。李嘉图在对先前关于机器使用的乐观看法进行批判时，做出这样的说明，“增加一国纯

① 李嘉图．经济学及赋税之原理［M］．郭大力，王亚南，译．上海：上海三联书店，2014：246.

收入的原因，可以同时使人口过剩，因而使劳动阶级的状况恶劣。[①]”

在李嘉图看来，资本家普遍地采用机器产生的后果就是劳动力需求减少，这样就会导致部分工人失业。而在现实资本积累的过程中，随着资本和人口不断增加，生活必需品的需求随之增加，因而必需品价格提高，工资不断上涨。资本家会更多地采用机器替代人力进行生产，尽管资本积累的增加会扩大劳动力的需求，然而这种劳动力需求的增加，相对于机器的普遍使用而言，比例却不断下降。由此，伴随资本积累的扩大，投入在机器使用上的资本日益增加，而用在雇用劳动力上的资本不断减少，就会造成雇用人口过剩，失业人数不断增加，工人的生活境况日益窘迫。李嘉图关于机器与失业关系的深刻分析，表明他对资本积累规律做了较为科学的阐述，反映出机器的使用驱逐工人，造成人口过剩，加重分配领域的劳资对立程度。

三、财富分配的价值维度的理论审视

自由与平等一直被视为人们追求的社会理想，也是财富分配的应有价值维度，被认为具有同等重要的意义，只有实现二者的有效结合，才能体现社会的公平、正义。事实上，正如基恩·格雷厄姆所言：“自由和平等并不具有完全相同的价值，它们是互相独立的。[②]”这一见解在李嘉图的经济思想中有着极为鲜明的体现，李嘉图不仅将自由竞争法则视为维持市场均衡最有效的途径，也将其视为不受任何约制的唯一的收入分配原则，在他看来，完全由市场决定的收入分配

① 李嘉图．经济学及赋税之原理［M］．郭大力，王亚南，译．上海：上海三联书店，2014：247.

② 格雷厄姆．当代政治哲学［M］．董云虎，姜兴宏，译．沈阳：辽宁大学出版社，1988：116.

符合公平、合理原则，所谓的政策调节不过是维持市场自由竞争秩序的工具。从这个意义上讲，财富分配既是市场秩序的构成部分，也是一种制度安排。在政治倾向上，李嘉图不主张对自然不平等做任何政策性的控制，只强调人的主观努力以及市场的自由调节；在价值维度上，缺乏对平等的关注，进而将正义逐出经济领域之外。纵观李嘉图的财富分配思想，虽然将经济发展与分配问题联系起来，极大地促进社会的物质繁荣，与之相伴，阶级矛盾的激化、经济危机的爆发、冲突的加剧也不可避免。

从政治倾向上看，制度只在于保障市场自由竞争秩序，不提供任何人为的社会保障。李嘉图在给麦克库洛赫的信中写道，“好政府的保证不在于我们的为政者的德行大小，而在于制度本身，也在于左右为政者的那些势力。[①]”他所谓的好政府就是确保“国家制度民主化，实现各种自由权”的政府，这种自由权运用于分配领域就是指政府对市场自由秩序的确保，因而在具体政策上，他反对济贫法以及再分配计划。在李嘉图看来，济贫法的倾向，“其意虽要改善贫民状况，但不但不曾改善贫民状况，且将使富者境况变坏，它虽不能使贫者富有，却将使富者趋于贫困。[②]”通过如何降低贫困问题的思考以及既有法律的考察，李嘉图认为，在人口快速增长的情况下，实现贫民安乐福利的方法有两种：一是限制人口增加；二是加速资本蓄积。对于贫困国家而言，通过抑制人口与资本蓄积的方法，各个阶级的生活状况都得以改善；而对富裕国家而言，则应采取如下措施进行社会救济：其一，逐渐缩小济贫法的范围，因为济贫法非但无法发挥既定作

---

① 卢森贝．政治经济学史（第1卷）［M］．李侠公，译．北京：生活·读书·新知三联书店，1959：386.

② 李嘉图．经济学及赋税之原理［M］．郭大力，王亚南，译．上海：上海三联书店，2014：53.

用，反而招致不审慎；其二，开导人民知晓自立之价值，教导贫民实现自给；其三，引导贫民树立审慎远虑的必要的、有利的德行。李嘉图进一步指出，基于社会现实，济贫法难以完全废除，而实性济贫法人道主义使然，可以看出，李嘉图不否认人道主义值得追求，然而他所谓的人道并不是从根本上消除贫困，而仅仅是提出解决贫困的方法。另外，由于受马尔萨斯人口论的影响，李嘉图将贫困归因于人口过度繁殖，忽视其他的不可抗因素，也使废除济贫法成为冰冷无情的法律政策。

从价值维度上看，财富分配缺乏对平等的客观考量，从而导致社会正义的缺失。在分配体系中，李嘉图关于平等原则的探讨集中反映在赋税原理中，他认为，税收是一种不可避免的恶，不可避免是因为它为国家和政府的正常运转所必需，恶则是因为税收会导致资本积累的减少。“人类都想保持自身的生活地位，维持他既得的财富。这种欲望，使各种加在资本上收入上的赋税，结局都出自收入。[①]”也就是说，合理的政府税收原则应按资本与收入的比例征收，而不应使赋税单独落在资本上，“若出自资本，势必损害维持劳动的基金，而减少国家将来的生产。”在税收原则上，李嘉图主张遵循斯密提出的四原则，即平等、确实、便利、节约原则，其中的平等原则就是指负担赋税的平等。由此可见，李嘉图实质上强调的只是平等的负担或义务，却不涉及与之相应的平等权利，或者说，他只认可平等在某个层面的合理性，却忽视其在更为广泛的社会领域中的道德价值，而这种片面、狭隘的平等观与具有道德合理性的社会正义相背离。

---

① 李嘉图．经济学及赋税之原理［M］．郭大力，王亚南，译．上海：上海三联书店，2014：87.

本章小结

综合来看，李嘉图经济学体系的科学化转向主要表现为：其一，客观上摒弃对经济原则以外的任何原则的依附，呈现出高度的独立性与理论自洽性，其思想体系成为“工程化”实证科学的理论雏形；其二，从对分工与交换的经验性分析转向揭示隐藏于其背后的经济规律，即客观的“生产力法则”是社会发展的基础；其三，从生产关系的内部对资本主义的本质进行剖析，揭示现实的利益矛盾。李嘉图立足于客观的资本主义经济现实，探寻资本利润最大化的社会实现途径，在他看来，财富收入分配是影响利润增长的关键性因素，因而财富分配成为经济学的研究主题。作为从理想的自然和谐向现实的利益冲突转变的经济理论路线的分水岭，李嘉图的经济体系本质上崇尚生产力法则以及效用原则，将物质利益、经济效用视为人类追求的根本目标以及幸福的衡量标准，其经济理论达到了资本主义范围内最高程度的理论认知水平，然而以经济学内在蕴含的管理、协调的本质属性加以审视，其经济体系中存在人本及正义维度缺失的理论局限性。

第四章　古典经济学道德观的回归

——约翰·穆勒人本经济学体系的综合视域

约翰·穆勒（John Stuart Mill）是英国维多利亚时代杰出的政治学家、伦理学家，还是对西方经济思想史进行第一次大综合的经济学家，他以当代斯密自居，批判性地继承了斯密的人性经济学理论，极力推崇李嘉图的抽象演绎方法论，并在19世纪的特定历史条件下予以新的阐发。作为古典经济学的完成者，约翰·穆勒立足于资本主义阶级矛盾的尖锐化、社会思潮多元化的现实，在经济理论中注入了对人类福利的关怀以及容忍精神，以折中调和的方式实现了对斯密以经济学的话语达到人本主义目的的回归。正如斯皮格尔指出："几乎没有任何19世纪的其他经济学家能有这一角度，即对身处宇宙和社会中的人的处境的更广泛关怀，以及对于人类思想和行动法则的关注，这些给予穆勒对经济学的贡献以新的方向和重点。①"在约翰·穆勒广阔的理论视野中，他突破了纯粹地强调经济增长与效率提高的经济检验标准，并将之扩展为生活质量与人性的多样化发展的综合性标准。他的"经济人"假定成为仅仅具有方法论意义的理论假定，与此同时，他强调现实经济活动中人性的多样性，注重经济自由与经济

① 斯皮格尔．经济思想的成长［M］．晏智杰，刘宇飞，译．北京：中国社会科学出版社，1999：318.

正义之间的兼容，致力于探寻实现二者协调的合理范式。

第一节　抽象化“经济人”与现实的人：穆勒的人性基础

约翰·穆勒的人性思想是针对经济学的学科重新定位建立起来的，作为古典经济学的开创者，斯密指明经济学是实现富国裕民的科学，约翰·穆勒则认为斯密的这种界定仅仅显示出经济学与自然科学关注物质生产规律的共同主题，却忽视了经济学具有的探讨人类思维规律的独特属性，在他看来，经济学还研究与物质生产、分配相符合的精神规律的形成与运行，因而它涵盖物质生产规律和人类思维规律两种规律。在此基础上，他区分出作为经济学研究的高度抽象化的“经济人”以及广泛意义上的多样化的人性，而对经济行为的财富欲望、逐利本性进行高度抽象后提出的“经济人”概念仅具备方法论的意义，只能运用于经济学的单一领域。除此之外，现实的社会生活中遵循多样化的人性原则即对广泛的生理、心理、情感、精神等基本特性的综合性考量。

一、政治经济学的道德科学属性

在通常意义的政治经济学概念界定的基础上，约翰·穆勒进行了批判性的综合，他认为政治经济学缺乏具有严格逻辑架构的定义，从而导致政治经济学研究方式的不明确。作为一门科学，政治经济学既不同于设定明确目标的技术，也不是完全意义上的仅仅探寻财富生产、分配与消费一般规律的科学，在本质上，政治经济学只研究特定社会形态中的财富生产与分配的抽象化的人类本质规律。

传统政治经济学作为以事实集合为基本特征的科学，不能作为人类行为的指导规则。传统意义上的政治经济学仅仅是事实的陈述与自然规律的探究，它关于财富的生产、分配、消费规律的研究主题是科学的共有属性，无法反映出其固有的本质性特征，因而存在模糊不清的缺陷。约翰·穆勒认为，传统政治经济学性质及定义的表述混淆了科学与技术的概念，在他看来，二者虽有紧密联系，却有着根本性的区别。“科学讨论事实，而技术讨论规则。科学是事实的集合；技术则是大量的规则，或者是行动的指引。①”可以看出，科学以客观现象为基础，追寻内在的规律，而技术则为行为主体设定明确的目标，并以规律或原则指导人类行为，实现设定的行为目标。在此基础上，约翰·穆勒指出，使一国财富增加的是规则，它只是科学的结果，而不是科学自身。作为科学的政治经济学，“本身不会指导如何使国家富裕”。“政治经济学精通自然规律，而非行动规律，它教给我们事情本身如何发生，而非指导我们形成某种方式以达到某个特定目标。②”从这个意义上讲，作为科学的政治经济学与人类的行为价值取向及实用性的行为规则无关，不能直接用于指导人类现实经济活动。而且，将“规定财富的生产、分配和消费”的一般规律先入为主地确定为政治经济学的研究对象也存在定义上的含混与模糊，这种界定就意味着将某类财富的生产规律适用于全部财富的生产，将特殊规律与一般规律等同看待，忽视特殊性与普遍性之间的本质差

① 穆勒．论政治经济学的若干未定问题［M］．张涵，译．北京：商务印书馆，2012：95.

② 穆勒．论政治经济学的若干未定问题［M］．张涵，译．北京：商务印书馆，2012：96.

异，因而，财富的生产规律仅仅是政治经济学的构成部分，是政治经济学与自然科学的共同属性，而政治经济学的特殊性才是本质属性。

人类思维规律作为政治经济学的本质属性，反映其特有的研究主题，即财富的生产、分配、消费规律遵循的人性原理。约翰·穆勒指出，政治经济学涵盖物质生产规律以及人类思想规律两种基本规律。物质生产规律是科学的普遍性存在，主要指物质的自然属性；而人类思想却是社会科学的特性，体现出人类渴求物质的基本需求以及获取物质的思想意愿。在他看来，依据“杜格尔德·斯图尔特观察发现，所有学科的第一要义属于人类思维的哲学范畴”，因而他的任务主要是为了“研究由人类本质规律所决定的财富的生产和分配”，或者说，“研究财富生产和分配中的道德或心理规律。①”约翰·穆勒将这种与思想或情感具有密切联系的、外延广泛的人性规律的研究称为“社会经济学”，但它并非研究所有人类形态中的财富生产与分配的心理规律，而是仅仅以基于共同的目的或目标的社会化生活状态中的人为基础，在他看来，“就其对社会中人的行为或状态产生影响而言，社会经济学包括人性的各个方面。②”然而，对人性的整全性研究有其固有的局限性，从这个意义上来说，萨伊命名的“政治经济学”以限定的人性规律为基础，从而有效地克服这一理论缺陷。

高度抽象化的人性规律仅仅是科学研究的前提假设，事实上，现实世界的人性结构是多样化的。在这里，约翰·穆勒实质上区分了两种截然不同的人性原则：一种是用于理论研究的抽象人性；另一种是

① 穆勒．论政治经济学的若干未定问题［M］．张涵，译．北京：商务印书馆，2012：93－103.

② 穆勒．论政治经济学的若干未定问题［M］．张涵，译．北京：商务印书馆，2012：106.

现实的丰富的人性结构。在他看来，这种抽象假定的先验法，是社会科学领域获取事实真相的有效方法。经济思想史学家马克·布劳格曾强调："当一个结果是依赖于多种原因的共同作用时，这些原因每次只能研究一个，必须分别地考察它们的作用规律。[①]"这里实际上暗含着学科研究遵循的差异原理，作为抽象科学的政治经济学，它所进行的理论推演以假定的人性为前提而非以事实为基础，通过摒弃特定的环境因素，得出普遍性的行为准则，正是在这个意义上，约翰·穆勒限定抽象意义的单向度的人性假定只存在于纯粹想象之中，现实情况往往与理论假定相偏离，只有经过修正的理论才能运用于实际情况。

二、抽象化"经济人"的基本特性

与斯密奠基于自然和谐以及普遍富裕的人性统一的基本假定、李嘉图奠基于资本主义现实以及利益至上的数字化"经济人"相比，约翰·穆勒认为抽象化"经济人"只在理论假设中才成立，这种假设所考虑的只是各种情况中普遍存在的一般性原因，可以看出，作为人类行为共同规律抽象概括的"经济人"不仅奠定科学研究的基础，而且更加具有方法论的意义。

在行为逻辑上，以财富或逐利为根本动机的抽象化"经济人"是人类经济行为最接近真实的体现，抽象"经济人"作为理论假设，不具有普遍适用性，仅仅运用于政治经济学的理论研究的特定领域。约翰·穆勒指明政治经济学只是研究社会状态中的人类的部分行为，

① 布劳格．经济学方法论［M］．石士钧，译．北京：北京大学出版社，1990：9.

它所关注的是人们在经济行为中体现出的共性特征，即对财富的无限渴求以及对实现财富最大化的有效方法进行评判。实际上，在这里“经济人”被理解为具有普遍性的经济任务的社会角色，而不是具有本体论意义的社会化的人，“经济人”的活动范围及行为目标就是获取财富与消费财富。一般而言，行为体总是力图以最少的投入乃至自我牺牲获取最大限度的必需品和便利品以满足生活所需。这种武断的行为逻辑的预设并不要求与事实的完全一致，这“仅仅是它们研究的目的；因为他们在解释这部分人类行为时，只能将金钱至上作为直接和主要的目标；因为没有两个个体的情况是完全相同的，除非摒除一些特定的环境因素，否则，他们不能得出普遍的准则。[①]”显然，约翰·穆勒将政治经济学定位为行为逻辑的解释性、描述性的科学以及对于不同领域人类行为的差异性的认定，目的在于将财富逻辑限制在特定的范围之内，而不是用于指导人类的现实生活，但是他的这种努力显然并不奏效，自马歇尔开始，“经济人”的范围逐渐扩展至经济学之外的其他领域，“经济人”假定被理解为现实的人。

在研究方法上，“经济人”从内含丰富的思想转变为具有方法论意义的假定。正是基于这一抽象性科学的基本界定及其对人类行为研究的先验的方法论特征，英国奥地利学派柯兹纳清晰地描述了经济理论从古典经济学派关注财富生产分配理论转向罗宾斯的选择理论的历程。[②] 在当代诸多的用法中，“经济人”的本质并不依赖于他的所指，而是做出选择的理性化方法。[③] 约翰·穆勒强调财富赋予人的物质效

① 穆勒．论政治经济学的若干未定问题［M］．张涵，译．北京：商务印书馆，2012：112.

② Kirzner，Israel. The Economic Point of View：An Essay in the History of Economic Thought［J］. Princeton，N. J.：Van Nostrand，1960：1－27.

③ Persky，Joseph. Retrospectives：The Ethology of Homo Economics［J］. Journal of Economic Perspectives，1995（9）：221－231.

用与权力等人为价值的双重功用，财富成为个人的主要目标以及衡量成功与否的主要标准。功利计算、积累财富的欲望都涉及人们以理性的角度做出的当前利益与长远利益的审慎的权衡，而深谋远虑具有智力与道德两方面的原因，即对自身利益以及对他人利益的共同关注，因而“经济人”理性、自利的追求涵盖着利己与利他统一的元素。在约翰·穆勒看来，闲暇也是“经济人”所应涵盖的要素，它既能使经济主体从繁荣的体力劳动解放出来，获得休养生息，也有利于新欲望的产生，并有条件使新欲望得到满足。与同时代的其他经济学家相比，约翰·穆勒“经济人”显现出更多的人文情怀，他认为英国工人业已具备奋发向上、脚踏实地的工作精神，无须培育他们追求财富的欲望，而需关注使用财富的方式，因而，只要我们认识到经济人行为中的权衡、折中，就能想象到每一个对财富、享受、闲暇与生产有强烈的爱好的经济人的社会，并试图去决定不同制度在他们身上的可能性效果。①

三、现实的多元化人性

约翰·穆勒明晰地将财富生产分配所依赖的人性规律作为政治经济学的本质属性，由此他将经济学与自然科学区分开来，这种区分具有历史的进步意义，然而他将政治经济学局限于描述性、解释性的道德科学，以想象、虚构的单向度的人性作为逻辑起点，不可避免地产生理论与实践之间的断裂，使得理论成为束之高阁的空乏“科学”，丧失指导实践的现实价值。为补救这一理论困境，他尝试性地以抽象

① Persky, Joseph. Retrospectives: The Ethology of Homo Economics [J]. Journal of Economic Perspectives, 1995 (9): 221 -231.

性的“经济人”与现实人性的区分消弭单向度的人性假说的方法论意义的局限性，他强调，“没有政治经济学家认为现实中除了财富再无其他欲望目标，或者所有的动机都要为卑微的金钱动机让路。[①]”现实的经济活动中的整全人性是物质实体与精神实体的统一体，人性的单个层面无法成为人类生活领域的主宰。

现实的人是物质实体与精神实体、关注自我幸福与他人幸福的统一体。在约翰·穆勒看来，现实生活中人的行为动因是多元的，人不但追求自身利益以及数量上的快乐的满足，还追求更高层面的精神的快乐。他对边沁创立的快乐功利主义进行批判，明确指出：“在激发人们的各种动因中，边沁仅仅看到了其中的一个部分；而对这一个部分，他又将之想像得比实际情况更为残酷和更精于算计。”为弥补边沁对人性进行刻板描述导致的理论缺陷以及克服因缺乏对情感或精神层面的考量产生的思想僵化，他在功利主义思想中融入英国浪漫主义对人的同情及想象力之间密切联系的相关论述，正如恩格尔指出的：“同情作为人类想象力的一种特殊力量，使得个体超出自我的羁绊，以便获得他人的认同，或者采用新方式观察事物，培养审美鉴赏力，将主观自我与客观的他者融为一体。[②]”基于此，他认为将人类本性界定为尽可能地实现数量化的快乐的满足是对人性的残缺不全的认识，具有健全的人格及丰富的生活体验的个体更为注重高质量的精神愉悦。人不单单是物质的实体，也是有着精神追求并且有其独特性的发展潜力的实体。每个行为体还需承担相对于他人和社会而言应有的道德责任，而行为体正是通过发展自身的潜力来实现这

① 穆勒. 论政治经济学的若干未定问题［M］. 张涵，译. 北京：商务印书馆，2012：113.

② Engell, James. The Creative Imagination: Enlightenment to Romanticism [M]. Cambridge, Mass: Harvard University Press, 1981: 143 - 144.

种道德责任的。[①] 他甚至明确地强调这种由社会环境锻造出的具有丰富意蕴的多元化的具体人性，“这种人工造就的或至少是人工改良的最好的和最高贵的人性是唯一值得推荐效法的人性。[②]”

人性具有多面性，然而人性的任何一个方面都不应主宰人类生活的所有领域。约翰·穆勒在《托克威尔论美国民主》一书中，曾对中产阶级商业精神的绝对统治地位表示忧虑，他认为商业精神虽然有利于文明的进步、社会的发展，但当它主导着社会各领域时也会带来不利的社会后果。在他看来，当人类本性的某一个方面成为社会的统治性力量，它便会以强制性的方式将自身加诸于这一社会的所有其他领域；进而强迫对方接受它或者迫使对方臣服于它，或者要求模仿它。[③] 由此可见，约翰·穆勒强调人性的多样化的客观现实，也承认理论研究中单向度的人性假定的不足。他从不同阶层的差异性以及理想化的人性状态阐述这一见解，约翰·穆勒认为通过增加财富以展示自身社会地位的欲望是工业进步的“令人不愉悦的症状”，富人聚集财富仅仅为了证明他们的财富优势并不值得称道，中等阶层为获得更高的社会地位所实现的发展也不代表社会进步，他指出：“人性最好的状态就是无人处于贫困悲惨的境地，也无人意欲更为富裕，人们不必担心自身在竞争中处于劣势地位。”[④] 即使在经济活动中，追求财富是人类公认的行为目的，但“人们从本质上厌恶

① 黄伟合．英国近代自由主义研究——从洛克、边沁到密尔［M］．北京：北京大学出版社，2005：36.

② 黄伟合．英国近代自由主义研究——从洛克、边沁到密尔［M］．北京：北京大学出版社，2005：123.

③ 黄伟合．英国近代自由主义研究——从洛克、边沁到密尔［M］．北京：北京大学出版社，2005：46.

④ Kern, William S. Classical Economic Man: Was he Interested in Keeping up with the Joneses?［J］. Journal of the History of Economic Thought, 2001（123）: 353－368.

完全以金钱利益为基础的关系和感情所维系的社会，所以那种充满深厚的个人情感和无私奉献精神的社会，很自然地就变得颇具魅力和令人向往。[①]”

综合来看，约翰·穆勒力图以学科研究中的人性抽象与现实多样化人性的区分消弭单一维度的人性假定遭到的质疑，就其本质来讲，约翰·穆勒指明“经济人”假定不能运用于所有的学科研究或人类现实行为，他并没有忽略人性的情感、道德等其他维度。在他看来，政治、社会活动不同于经济活动，经济行为的假定也不能成为人类一切行为的主宰。因此，从理论上讲，用于解释经济行为的“经济人”假定并不能用于解释人类的其他行为。然而，不可否认的是，穆勒的人性逻辑在理论与实践领域的截然两分不但难以挽救“经济人”假定的危机，更在一定程度上导致仅仅具有方法论意义的“经济人”成为完全脱离于社会现实的纯粹抽象，减弱经济理论的社会解释力。理论研究本身不仅反映社会活动的规律性特征，就其本质而言，更应服务于现实的经济活动，任何脱离现实经济活动的理论都将减弱理论的生命力。

第二节　从经济自由到社会自由：自由的转向

作为自由主义思想的继承者，约翰·穆勒察觉到以自然权利为基础的古典自由主义的理论困境以及以快乐主义为基础的工具性自由的缺陷，致力于探寻自由的内在价值及限度。从市场经济的基本

① 穆勒．政治经济学原理（下册）［M］．金镝，金熠，译．北京：华夏出版社，2009：667.

主张上讲，约翰·穆勒继承并发展了经济自由思想，始终认为市场自由竞争比政府管制更有效率，然而出于对市场缺陷与政府缺陷的忧虑以及社会整体福利的追寻，他强调有限及有效的政府干预，他的自由主张，“不是作为自然法则，而是与经验和权宜之计以及与这些一样的灵活性相一致的运行法则。[①]”这样他就不同于古典思想家单纯地将经济自由视为基本原则，提倡免受干预的自由，集中于探讨个人能在多大程度上享有受保护的自主决策和自我负责的领域。而是进一步将其限定为一种免于伤害的社会性原则，通过对自由做出新的理解，约翰·穆勒将工具性的经济自由扩展为具有丰富意蕴的社会自由，从而将个性发展、人类幸福作为自由的终极目标。

一、从不受干预到不伤害的自由理念

不受干预的经济自由作为古典经济学确立的基本价值取向，也是人类发展、社会进步的驱动力。伴随周期性经济危机暴露出市场的固有缺陷，劳资的严重对立以及阶级矛盾的不断激化都使得不受干预的政策主张受到质疑与批判，经济浪漫主义代表西斯蒙第就认为，人们为追求个人利益往往不惜违反最大多数人的利益，乃至违反全人类的利益。[②] 自由放任不单有悖于自然和谐，反而会导致弱肉强食。在此基础上，约翰·穆勒审视不可侵犯的神圣自然权利的局限性以及市场经济与个人自由的一定程度的冲突，明确地限定自由的必要边界即不

① 斯皮格尔．经济思想的成长［M］．晏智杰，刘宇飞，译．北京：中国社会科学出版社，1999：340.

② 西斯蒙第．政治经济学新原理［M］．何钦，译．北京：商务印书馆，1964：243.

伤害，并指明自由的本质就是“按自己的道路去追求自己好处的自由”。正是为着这一目标，他将作为工具性价值的经济自由扩展到社会自由的层面，自诩为自由主义者的新保守主义代表查尔斯·莫里就此指出：“市场越自由，它产生的财富就越丰富……对许多自由主义者来说，它是一个次要原则……保护经济自由仍然是保证人们自由生活的唯一方式。[①]”由此可见，经济自由是实现物质富足、经济繁荣的构成要件，却不是自由的最终目标，人们所追求的是真正意义的生活自由。

第一，以个人的自由必须获得充分尊重为前提，设定人类活动中存在不受任意干预的领域和范围。约翰·穆勒认为生活中确实存有或应该存有向外扩展的不受侵犯的空间，任何尊重人类自由和尊严的人都不会对此有异议。……一切仅与个人内部和外部的生活有关的并不影响他人利益的或者仅通过道德示范作用对他人产生影响的所有部分，均应包括在内。[②] 也就是说，社会中必然存在“人类自由的适当领域”，即仅仅影响行为者自身的活动范围，这里所谓的影响指直接性的、原初的影响，针对影响内容的模糊性与波及效应受到的批判，约翰·格雷专门地对这种影响的界定进行辩护，“穆勒在他的主要的著作中持有这样一种观点，即在影响他人与影响他人利益之间存在着显著的差异，穆勒主要考虑的是影响他人的利益而不是影响本身”。[③]关于这些不影响他人利益的自由所涉及的领域，约翰·穆勒将之概括为：内在的意识形态领域、思想和情感以及只涉及个人的不产生影响

① Murray, Charles A. What to Be a Libertarian: A Personal Interpretation [M]. New York: Broadway Books, 1997: 27.

② 穆勒．政治经济学原理（下册）[M]．金镝，金熠，译．北京：华夏出版社，2009：832－833.

③ Rees, J. C. “A Re－reading of John Stuart Mill on Liberty”. in G. W. Smith ed. John Stuart Mill's Social and Political Thought, London: Routledge, 1998: 36.

的部分，还有不给他人造成痛苦或伤害的外部行为部分。① 正是在这个意义上，约翰·穆勒清晰地阐述了绝对自由的确定范围，这个限定用于抵御以道德或法律之名进行的任何不正当干涉。在他看来，在只关涉自己利益的问题上，个人享有完全的独立权，因此每个个体都是自身利益的最直接和最终的判断者，这也意味着特定空间中个人被赋予绝对性的选择权，完全根据自身的需求与判断做出选择。

第二，以行为体的利益或权利的冲突为依据，明确地指出人们享有自由的有限性，确立社会权力所能适用于个人权利的性质与限度。约翰·穆勒在论述自由原则时，指出自由不是完全无限制的，“对于文明群体中的任一成员，所以能够施用一种权力以反其意志而不失为正当，唯一的目的只是要防止对他人的危害。若说为了那人自己的好处，不论是物质上的还是精神上的好处，那不成为充分的理由。②”换言之，不伤害他人是自由的必要条件，也是对自由的最低限度的限制。这一原则构成个人权利、社会与政府权力的共同限度，对个人而言，只要涉及他人或社会整体利益的部分，任何造成实际伤害的行为都会遭到法律或道德的惩处；对社会而言，任何有害地影响到他人利益的时候，社会有权对其进行裁决；对政府而言，所能合法施于个人的权力就是为了防止对他人造成伤害。因此，不伤害作为一种基本原则，是从否定意义上来界定自由，也就是说，人们实际是否享有自由，不是取决于其自主选择范围的大小，而取决于其享有不受侵犯的权利的限度及范围。这种界限构成生活于社会中的行为体必须遵守的行为准绳，即彼此互不侵犯由法律明文规定的确

① 穆勒．政治经济学原理（下册）［M］．金镝，金熠，译．北京：华夏出版社，2009：833.

② 穆勒．论自由［M］．许宝骙，译．北京：商务印书馆，2014：11.

定权利或互不损害获得普遍认同的作为权利的构成部分的相当确定的利益。

第三，自由的享有应与社会义务的履行相结合。在利益分析的基础之上，约翰·穆勒进一步指出，每个人都担负有为了保卫社会或他人免遭损害或妨碍而需付出的劳动与牺牲的一份责任。① 这是每个行为体必须承担的，社会有理由强制执行。针对行为体不履行自身应当担负的相应义务的行为，社会就有权通过法律或道德途径对其进行干预。在这里，约翰·穆勒实质上对法律义务与道德义务做出了区分，对利益的损害也就是对既得权利的侵犯，这一类行为直接受到法律惩处；而缺乏对他人福利的考虑，尚未上升到侵犯他人权利的程度，仅会受到舆论的惩罚。由此可见，每人享有实际行动的自由的同时，也承担其所导致的法律上和社会上的相应后果。与此同时，约翰·穆勒还认为，人们鉴别能力的不足或自由行为能力的缺乏也是客观存在的现实问题，这些会导致对利益的间接伤害或无法履行职责。正是在这个意义上，约翰·穆勒认为市场经济不是自由放任的经济形式，政府需做出适度且有效的干预以确保社会整体利益的实现。

二、以有限且有效的政府干预作为自由的实现方式

关于政府职能问题，传统自由主义认为政府应履行最低限度的职能，发挥保障人身安全、财产安全及公共基础设施的作用。约翰·穆勒赞成这一主张，认为政府干预有其必要性与有限性；基于功利主义的立场，他还强调政府干预的有效性，即根据“政府干预应该以什

① 穆勒．论自由［M］．许宝骙，译．北京：商务印书馆，2014：89.

么为目标”确立其职权的范围。具体来讲，就是政府职能的扩展必须以实现社会整体福利的提升为依据。在此基础上，约翰·穆勒提出一套完整的政府适度干预思想，并将其视为实现自由的重要方式，这种干预模式形成现代有限且有效的政府干预的理论雏形。

第一，从一般职能的视角考察政府干预的依据与限度。通过区分“必要的政府职能”与“可选择的政府职能”，约翰·穆勒阐明政府职能适度扩展的原则问题。他认为前者所涉及的范围极其广泛，难以划定明确的界限，对于具有重要意义的政府所行使并获得普遍认可的必要职能，可以简划为征税、规范财产和契约、司法审判三个方面。与之密切相关的最基本、最必不可少的政府职能就是，“禁止并且惩治个人在自由地行使自己的权力的时候明显地侵害他人的利益，无论这种侵害是通过暴力或者欺诈，还是由于疏忽大意所造成的。[①]”关于后者，所谓的“可选择”不是指无关紧要或随意选择，而是指并非必须执行。虽然是否执行可选的职能未达成普遍共识，但可以肯定的是，以滥用职权形式进行的干预会给经济带来破坏性后果，有害于公众利益，由于其完全偏离适度干预的范畴，应该排除在可选职能之外。约翰·穆勒概括出六种形式的错误干预，即通过高关税或进口限制保护本国工业、对自由契约的有害干预、对商品价格的强制性管制、垄断性地压低物价、禁止通过有利于劳工权益的法律以及对思想言论自由的限制。以此为基础，穆勒指出政府能否行使“必要职能”或“可选职能”取决于是否有助于增进“民众整体的便利性”，从而能够带来利益的提升成为政府干预的笼统标准。在这里，约翰·穆勒实质上扩展了政府职权的范围，即从传统意义上的保

① 穆勒．政治经济学原理（下册）［M］．金镝，金熠，译．北京：华夏出版社，2009：864.

障权利发展到增进整体福利。基于此，穆勒设定的政府干预的理想化目标就是将防范伤害的力量用于征服自然，从而在物质与精神两方面造福人类。

第二，通过政府干预的利弊分析，确立政府干预的有限性。首先，通过区分命令式与非命令式两种基本类型的政府干预，强调非命令式干预的普遍适用性。约翰·穆勒认为虽然两种干预的目标大致相同，然而性质与影响却根本不同。命令式干预以“禁止”“非允许则不能”或“必须”的形式发号施令，除非以强烈的必要性为前提，否则在多数而宽泛的生活范围内都会遭到排斥与抵制；非命令式干预通过劝告或传播信息的包容性方式，赋予行为体宽广的自主活动空间或致力于追求共同的目标，具有加以广泛利用的价值。其次，约翰·穆勒深入地剖析了政府权力的可能性危害，提倡有限的政府干预。就不完善的政府职能而言，任何形式的政府干预都会使行为体不能够完全依从自身意愿行事，一定程度上阻碍人的身体或精神方面功能的健全发展，而不可或缺的法律禁令的正当性依赖于禁令的普遍认可或正常的是非观念对政府干预的认同；政府职能增加必然导致权力的相应扩张，民主制度潜藏的扩展及滥用潜力的危险，会造成对自由生活空间的侵犯；职能的增加还意味着工作的细化，易于产生负担过重或责权不明，导致政府工作避重就轻，国家重大利益或推进社会进步遭到忽视。在约翰·穆勒看来，相对完善的政府应当使各部门灵活运转，它们仅仅对“自己的行为结果负责”，形成以“总体利益”为指导的全局观念。就较为完善的政府职能而言，政府干预仍然要控制在适度范围之内。诸如经济领域的商业经营活动，与政府干预相比，自由竞争才能实现高效；个人多样化的竞争经营体制优于单一的政府经营体制。简言之，一般的工作应该让人们自行完成，除非需要获取某种巨大的利益，否则，违背这种做法必然会带来弊害。①

第三，从市场的必要补充的层面，提倡有效的政府干预。这种干预体现在两个方面：一方面，基于对利益判断不足或无行为能力的行为体的必要帮助；另一方面，有利于公众利益而个人无力承担或因激励不足而不愿承担的事务。约翰·穆勒认为，市场竞争适用于具有普遍意义的鉴别能力的行为体，一般而言，消费者能够对满足自身的物质需求、嗜好或习惯做出最好的判断，然而对于无法通过市场进行价值评判的事务，缺乏完全鉴别能力的行为体也就不能做出正确的判断。他从弱势群体权益、长远利益、委托管理、共同设想的约束性契约以及公共救济方面进行具体的分析。教育作为提高人的鉴别能力的必要基础，政府有责任弥补人们对教育价值评判不足的缺陷，即运用自己的权力确保无完全鉴别能力的行为者接受初等教育，使有行为能力者接受并履行职责，为无行为能力者提供免费教育，培养其自立精神，他特别地强调，政府既不能实施垄断，也不可对教育问题的具体环节进行命令式干预；对于缺乏行动能力或难以做出判断的病残幼等弱势群体，政府有责任通过法律保护其权益，这种责任不是出于对人类利益产生的不利影响，而是出于对事件本身的是非评判；在涉及永久性契约等长远利益方面，政府应通过法律服务促使人们审慎选择或允许正当解约；关于以自愿合作形式进行的委托管理，如道路、铁路、运河等公共设施的经营管理以及社区服务等问题，则应由地方政府予以提供；如缩短工时等共同设想的付诸实施则依赖于获得法律认可或批准后的一致行动，只有如此这种一致性才能转化为具有法律约束力的契约；在为他人利益而实施的公共救济等问题上，政府有义务

① 穆勒．政治经济学原理（下册）［M］．金镝，金熠，译．北京：华夏出版社，2009：839.

向亟须帮助的人提供必要的救济。综上所述，政府的有效干预，既包括干预范围与手段的适度，也包括干预目标的实现，适度而有效的干预也是一种合乎正当性与合理性的政府干预，其合法性在于对法律规则的遵守并受相关规则的约束；其合理性就在于对市场缺陷的弥补以及对整体福利的关注，将自由市场与有限且有效的政府干预相结合。所以，约翰·穆勒的政府干预思想，成为不受干预的传统自由主义向不受伤害乃至个性自由发展的新自由主义转变的过渡性桥梁。

三、以“能力和发展的个人性”作为自由的最终目标

在自由主义的发展历程中，关注能力与个性并进行系统论证的首推约翰·穆勒，他主要通过行为自由来论述个性的发展。斯密、李嘉图都有经济行为自由的相关论述，但将行为自由延伸到生活方面，并进行专门性、综合性探讨则是约翰·穆勒思想中独特且具有前瞻性的贡献。他极力赞成德国学者罕波尔特对人类行为目标的界定，即每个人所应努力追求的目标乃是通过“自由和境地的多样化”实现“能力和发展的个人性。[①]”以此为基础，约翰·穆勒将各种形式的自由看作实现自我发展的工具，而自由的价值目标就在于个性得到自由发展。在他看来，这种创造性与个性乃是产生所有真正进步的唯一动力，也是使人类远远超越任何其他动物种群的最为重要的品质。[②] 由此，之所以将个性的自由发展视为自由的终极目标，主要源于其自身具有的内在价值，它不仅是人类福祉的必要构成部分、个人与社会进

① 穆勒．论自由［M］．许宝骙，译．北京：商务印书馆，2014：67.

② 穆勒．政治经济学原理（下册）［M］．金镝，金熠，译．北京：华夏出版社，2009：834.

步的关键因素，也是人性的本质规定。

第一，个性的自由发展表现为不盲从传统习俗，不拘泥于公众意见，而要通过多种不同的选择、试验以及实践获得发展。根据约翰·穆勒的理解，能力成熟之人依据自身的判断运用经验是人之为人的“正当条件”，问题的关键在于判断所依凭的经验的适用性与解释性是否恰当。在他看来，习俗往往由特定时代或特定行为体的性格造就，完全遵从习俗就意味着因循守旧，这样所采用的经验要么不适宜于行为体，要么无益于人类任何特有属性的发展；公众意见倾向于指定行为的普遍规律，进而使人们接受并符合认可的标准，通过这种标准的约束性方法，人性中特立独行的部分沦丧，情感、理性能力遭到减弱，“因袭性”成为人的主要特征。超越于习俗、大众意见的倾向赋予社会以自由精神或进步精神，而人类的各种行为能力正是在自由的行为选择中得到运用与锻炼，不做选择就意味着各种能力无法经过使用获得进展。基于此，约翰·穆勒强调真理、意见只有经过最充分、最自由的论证，才更具可取性。人类尚处未臻完善状态，多样的意见更适于人类行为方式与生活方面。遵照自身的性格、生活方式做出适当的选择，经由实践予以证明其价值。如约翰·格雷所言，“穆勒预设自主性的个体具有理性反思的基本特性，能够与习俗或社会环境保持一定程度的距离，进而对社会习俗和文化形成批判性反思，在此基础上再按照规则行事。①”约翰·穆勒鼓励个性发展，反对固守习俗的思想也遭到批评，英国法学家斯蒂芬认为，穆勒夸大了个性自由与个人自由。② 事实上，约翰·穆勒所强调的不是取消社会限制，

① Gary, John. “Mill's Conception of Happiness and the theory of Individuality” in J. S. Mill On Liberty. edited by John Gray and G. W. Smith, Routledge, 1991: 194 – 195.

② 斯蒂芬. 自由·平等·博爱——一位法学家对约翰·密尔的批判［M］. 冯克利，杨日鹏，译. 桂林：广西师范大学出版社，2007：31 – 34.

而是减少不必要的约束，避免未经审视的盲从。

第二，个性的自由发展蕴含依照各种能力的自由选择与人性的不断完善两个层面的内容。约翰·穆勒详细地阐释个性思想，他认为，"由自己选定生活方案的人就要使用他的一切能力了。他必须使用观察力去看，使用推论力和判断力去预测，……在人的工作当中，在人类正当地使用其生命以求其完善化和美化的工作当中，居于第一重要地位的无疑是人本身。[①]"可以看出，约翰·穆勒首先强调人应当依凭各种能力自觉自愿地选择自己的生活方式，这种选择行为是"观察力""推论力""判断力"共同作用的结果，因而出于自觉和理性的选择是行为自由的必要条件。值得注意的是，约翰·穆勒特别提出，人们会自觉地遵守某种传统习俗，然而这种遵循需要有意识地进行选择，没有经过选择的"机械附从"不是真正意义的自由选择，实际上约翰·穆勒对自由选择进行了深化，它不仅是自觉的选择，更是自主、自愿的选择，而行为体若不能通过自觉自愿的选择行为，人类本性就无法获得充分的发展。此外，约翰·穆勒将自我发展视为人性的本质规定。在他看来，欲望与冲动作为完善人类的构成部分，其本身并不是危害社会的力量，而是人类所具有的必备的感受力，对其进行培育并加以发展才能构成健全的人格，人性是基于个人选择的自主性的发展，也受社会属性的影响与制约。行为体自我完善的过程既是其调整自身行为，实现社会化与道德化的过程，也是行为体保持自主性与独特性的过程。在这里，约翰·穆勒所要指明的是自由选择与自我完善趋向于"内在力量的发展"。

第三，个人自由发展是社会进步的真正动力。进步是全面理解约

① 穆勒．论自由［M］．许宝骙，译．北京：商务印书馆，2014：69.

翰·穆勒的自我发展思想的关键性概念，他提出的“发展得很好的人类”“人民的质的进步”都是对进步观点做出的探讨。在约翰·穆勒看来，即使资本和人口增长都处于停滞状态①，这也并不意味着社会进步同样处于停滞状态，“在这种状态下，各种精神文化以及道德和社会的进步，具有与以前一样广阔的发展前景。生产方式的改进也具有与以前一样广阔的发展空间。②”可以看出，约翰·穆勒所谓的社会进步主要指智力的发展与道德状况的改善，同时还蕴含着物质财富的增长。他认为，人类趋向于“更好的或更幸福的”社会状态，而阻碍社会状况改善的最大威胁就是马尔萨斯所言的“贫困陷阱”，关于如何克服“贫困陷阱”，约翰·穆勒也深受马尔萨斯的影响，在他看来，解决贫困问题的方法就是通过教育手段控制人口增长，使贫困阶层的物质与精神状况得到改善，从而具备“能力成熟”的条件，由此在个人自由行为能力之下形成个体自由发展。另外，自我发展内涵自由自主以及对他人及社会公共福利的关注，这就使得个性的自由发展不只寻求个人自身的完善，同时也未弃绝他人及社会的层面，社会进步也能在个人发展中得到实现。

第三节　分配正义：对市场机制的制度调节

自18世纪开始，市场经济因其历史进步性及合理性成为资本主义为自身进行合法性辩护的重要理据，市场被视为实现经济繁荣与自

---

① 这里所谓的停滞状态不是指静止状态，而是指财富和人口不再无限地增长，不再单纯地以追求数量的增加为目标，而是更为关注子孙后代以及更长远的利益的状态。

② 穆勒．政治经济学原理（下册）[M]．金镝，金熠，译．北京：华夏出版社，2009：664.

由贸易的重要工具，自由市场促进经济增长和社会福利的提升，也扩大行为主体自由选择、自主活动的空间范围。伴随市场经济的发展，收入财富的不平等日益加剧，在资产阶级经济富裕的同时，工人阶级却陷入极度贫困，甚至无法满足维持生存所需，与之相伴而生的就是对雇主的经济依附以及择业、独立发展的自由的丧失，由此市场经济被看作平等的敌人。如何协调阶级利益矛盾、实现财富公平分配成为社会经济发展要解决的根本问题。在此背景下，约翰·穆勒以制度正义为主旨，阐述正义原则的功利基础、抽象的分配正义原则以及分配正义在政策体系中的具体运用。

一、对正义问题的功利主义基础的阐释

约翰·穆勒对正义问题的探讨是为化解功利主义的理论诘难而展开的，他认为，人们通常所接受的正义观念主要指不同于任何利益的某种绝对之物，有着完全异于功利或后果的独特来源，这种传统意义上正义观念的理解成为人们接受功利主义作为基础性原则的最大障碍之一。在约翰·穆勒看来，这是对正义的错误解读，“正义其实是一类道德规则的名称，这类道德规则就人类福利的基本构成要素而言要比其他任何生活指导规则具有更加密切的关系。[①]”各种不同正义原则的取舍最终必然依赖于功利原则。他对正义与功利之间兼容性的探讨主要通过修正完善功利主义思想以及揭示正义本质内涵两个方面完成。

第一，“最大幸福原理”及“公正的观察者”能够形成道德约束

① 穆勒. 功利主义［M］. 徐大建，译，北京：商务印书馆，2014：74.

力。功利主义作为一种道德学说，它主张评判一种行为规则或制度正确与否的标准取决于其追求的目标或达到的结果相对于其他选择而言，是否更有利于“最大多数人的最大幸福”。因此，最大幸福原理就成为理解功利主义思想的关键。关于如何理解最大幸福原理，功利主义的创始人边沁从人的苦乐感官体验出发，以利益的满足来界定幸福概念，他认为，某事物趋于增加行为体快乐之总和或减少痛苦之总和，就是指该事物增进或有损于行为体的利益。单个行为体的利益之总和构成社会利益，由此，最大幸福就被理解为社会利益或社会福利的最大化，约翰·穆勒则认为传统功利主义无法为个体利益冲突的解决提供标准，他批判性地修正了边沁感性快乐的功利主义思想，从两个方面对其进行完善，力图为化解利益冲突提供可行性标准。

通过赋予幸福概念以丰富的内涵和意蕴，约翰·穆勒阐明人们追求的不仅是个体利益的满足，还包括个人对他人利益、社会利益的关注。他认为所谓的快乐或幸福有质量差别，它不仅蕴含物欲的满足，也包括精神层面的因素，是物欲与精神相统一的内心状态，诉诸人们的生活经验，精神等高层次快乐的满足与低层级物欲的满足相比更有价值，更值得欲求。在此基础上，他认为功利主义行为标准，不是依据行为者一己之幸福，而是所有相关人员的幸福。这也就意味着，最大化的幸福原理不是以个体幸福为衡量标准，而是以群体或社会整体福利最大化为标准，基于对幸福的综合性考量，功利主义的本质不是物质经济利益本身而是最大化的满足。罗尔斯也有类似的见解，“正确的分配都是那种产生最大满足的分配。①”

另外，约翰·穆勒还指出，幸福最大化的道德标准的约束力源自

① 罗尔斯．正义论［M］．何怀宏，何包钢，译．北京：中国社会科学出版社，1988：23.

人类内在的主观道德感情，正是这种天然的道德情感使人们“关注他人的福利如同关注自己身体状况。[①]”在这个意义上，约翰·穆勒指明存在于内心的具有约束力的良心本质上就是“公正无私”的旁观者，公平的观察者以及同情理论的存在，使得对不同行为体的功利值进行相互比较成为可能，通过它们，可以恰当评估欲望体系中各种欲望的强度，进而由立法、政策调节等手段最大限度地满足各种欲望。[②] 从上述可知，约翰·穆勒对功利主义的探讨，一方面考察最大幸福原理，即幸福的内涵及衡量标准，制度规则由此而来；另一方面探讨这种规则对应的情感约束。于是，作为道德价值的正义，能否实现与功利主义的兼容就必然涉及它对人类幸福的影响及产生的情感的考量，基于此，论述正义原则作为行为规则的适用范围以及正义情感对行为规则的影响就必不可少。

第二，正义内蕴的权利诉求的协调以及正义感的培育奠定正义原则从属于功利原则的基础。正义作为一种道德价值，其内在地蕴含着权利概念及平等要求，对权利的维护及平等诉求的满足最终要诉诸功利原则。基于对正义与不正义共同特性的分析，约翰·穆勒指出正义的本质属性是权利，维护正义就意味着捍卫人的相关权利。他指出与正义密切相关的五种权利，这些权利包括法定权利、道德权利、应得权利、要求他人信守承诺的权利以及平等权利，与此对应地蕴含着权利主张的正义概念就是法律公正、道德公正、应得公正、守信的公正以及平等的公正，违反正义法则就是对相应的权利构成侵犯。在约翰·穆勒看来，现实世界中并不存在适用于一切时代一切民族的恒定

① 穆勒．功利主义［M］．徐大建，译．北京：商务印书馆，2014：39.

② 罗尔斯．正义论［M］．何怀宏，何包钢，译．北京：中国社会科学出版社，1988：176.

不变的正义标准，正义的理念往往随时空的转换而发生着变化，由此不同的境遇下何种正义原则更适用就会产生分歧性的意见，不同正义原则之间的冲突本质上是维护何种权利的冲突，自然权利论者的理论局限使其难以在各种权利之间做出选择，因而除了功利主义之外没有其他的解决纷争的办法。由此，约翰·穆勒既指出正义原则最终要诉诸功利原则，又表明正义与权利的内在关系。

对社会公共利益形成道德认同的正义感为功利原则被众人所接受奠定基础。约翰·穆勒认为，正义情感有两个本质要素，即知道或确信存在某个或某些确定无疑的侵害者，以及对侵害者进行惩罚。[①] 这种惩罚的欲望源自“自卫冲动”及“同情心”两种本能，约翰·穆勒从保护最重要利益的本能中推导出正义感，所涉及的最重要利益就是安全利益，相对于其他任何利益而言，人们对安全利益都有着更为强烈的需求，因此由安全所激发的情感比其他的情感也就更为强烈，“这种要求带有一种绝对性，一种看似的无限性，以及一切其他的考虑都无法与之比较的性质，而所有这些性质便构成了行为的对错感与日常的有利不利感之间的区别。[②]”这种强烈的正义情感，使“不可或缺”的需求成长为“道德必需”，其产生的约束力不低于物质必需的力量。经由教育与社会舆论的正确影响，个体的社会情感日渐完善，促使人们不断将自身的情感或目标与他人的情感取得协调进而成为一种自然的社会情感，这种社会情感成为“最大多数人的最大幸福”的道德约束力。故而保护个人利益不受侵犯的需求所激发出的正义感就被提升到社会利益不受侵犯的更高层次，正义与公共利益密切相关，由此约翰·穆勒的正义理论也就与功利主义协调起来。

---

① 穆勒．功利主义［M］．徐大建，译．北京：商务印书馆，2014：63.
② 穆勒．功利主义［M］．徐大建，译．北京：商务印书馆，2014：68.

二、分配正义的抽象标准及基本原则

对约翰·穆勒的分配正义思想的理解要与他关于财富分配不平等的深刻反思以及对社会主义思潮的同情结合起来，“只有以社会主义日益加强的挑战为背景，才能理解他的著述。[①]”约翰·穆勒接受空想社会主义者对资本主义提出的批评，但他认为资本主义暴露的问题是资本主义制度的共性特征，资本主义或者共产主义制度本身并没有内在的公正或者不公正，经济制度的价值取决于它所产生的社会效用。有别于其他的古典经济学家，约翰·穆勒对生产法则与分配法则做出区分，他更为关注分配法则的正义性，形成了其独特的分配正义思想。

第一，以“平等善待”作为分配正义的“最高抽象标准”。在《功利主义》的最后一章，约翰·穆勒提及“社会正义与分配正义的最高抽象标准”。他认为这个标准就是“我们应当平等地善待所有应得到我们平等善待的人（只要没有更高的义务禁止这样做），社会应当平等地善待所有应得到它平等善待的人，亦即平等地善待所有应绝对得到平等善待的人。一切社会制度以及所有有德公民的行为，都应当尽最大的可能达到这个标准。[②]”根据这一陈述可以推断出，平等既不是绝对意义上的，也不是具有普遍适用价值的规则。在约翰·穆勒看来，平等善待就是平等地对待应当平等对待之人，而不应当平等对待的人就不平等地对待，也就是同等条件下相同对待，不同条件下差异对待。另外，对于平等善待还有着严格的限制，其限制就在于

① 罗尔．经济思想史［M］．陆元诚，译．北京：商务印书馆，1981：347.

② 穆勒．功利主义［M］．徐大建，译．北京：商务印书馆，2014：77.

"更高的义务"，即公认的社会利益要求。综合来看，约翰·穆勒提出的最高抽象的分配正义原则，一方面凸显绝对平等对待的难以企及；另一方面强调具体的平等善待标准的不固定。历史上不同的分配制度往往体现出平等对待的不同标准，其中以产权制度最为典型。"在不同时代、地点，财产权就得到不同的阐释。……它如同人类思想中其他的各种产物，易于发生变化。[①]"总之，约翰·穆勒在分配正义问题上持有一种相对主义的态度，分配正义观念会随时空的转变而发生变化，这种观念的形成是现实状况、人类智力状况以及道德文化相互结合的产物。不仅不同社会形态下平等对待的标准不尽相同，就是同一时期的不同生活领域的分配正义的规则也并非固定不变。因此，作为笼统的最高抽象的分配正义规则是指导性原则，而在其之下有着各种具体的分配原则，"但无论以什么方式进行分配，都需要符合社会普遍接受的公平或者政策的意向。[②]"

第二，分配正义的一般原则以所有制结构为基础。针对资本主义财富分配的严重不平等，约翰·穆勒认为有两种方式能够改变这一状况：其一，废除私有制度，对生活和享受的物质手段采取绝对平均分配原则，或者不采取平均分配，但依据现有的或设想的普遍适用的公平原则进行分配；其二，改进私有制度，使各种错误得到纠正，从而公平原则成为对这种制度进行辩护的基础。一定意义上讲，前者能够缓解分配不平等的困境，使机会不均等的状况得到缓和，然而其所追求的公平标准，适用于人性达到较高的道德水平的社会状态。约翰·

① Mill, John Stuart. Chapters on Socialism, in Collected Works of John Stuart Mill, vol. V, ed. J. M. Robson, Toronto: University of Toronto Press, London: Routledge and Kegan Paul, 1967: 753.

② 穆勒. 政治经济学原理（上册）[M]. 金镝，金熠，译. 北京：华夏出版社，2009: 162.

穆勒认为，在道德与知识文明不健全的社会状态下，不适于实行社会主义的财产共有和平均分配制度：其一，在受教育程度普遍较低且责任心严重缺乏的社会状况下，人们不具备“公共意识”，每个人倾向于逃避在共同体中应当承担的工作，因此，最为有效的劳动只能体现在那些为个人而工作进而能够获得自己的劳动成果。其二，伴随工业化及市场经济的发展，生存问题得到解决，人们在人口限制上就缺乏深谋远虑，导致人口无限制地增长，社会陷入贫困。在他看来，在人们自律意识尚且淡薄又缺乏限制人口的可行措施的情况下，共产主义提倡摆脱私有制下对人口的直接约束，仅仅依赖人们的自我约束，无法有效地控制人口，反而导致生活水平的降低或整体条件的恶化。其三，共产主义制度难以确立公平的劳动分配原则。它以财产共有、共享劳动成果为标准，反而会以平等之名造就实际上更大的不平等。因此，约翰·穆勒认为尽管私有制度存在诸多弊端，“考虑到对于由当前的道德标准所形成的、由现成的社会制度所孕育的人类自私自利类型的性格所做出的一种妥协，它的确是一项难得的权宜之计。①”基于私有产权的分配制度虽然不能如公有产权分配制度一样有效地减少分配不公现象，然而通过纠正错误，社会可以采用他所认可的最好的法则进行财富分配。

三、社会制度保障分配正义的实践维度

在如何实现分配正义这一特定的主题上，约翰·穆勒探讨的范围从经济体系转向政策建议，他以努力与报酬成正比、平等的牺牲以及

① 穆勒．政治经济学原理（上册）［M］．金镝，金熠，译．北京：华夏出版社，2009：169.

补偿自然不平等为分配正义的基本依据，提出财产制度、税收制度以及社会救济等领域的具体政策主张。

第一，以“报酬与付出的努力成比例”作为财产制度的分配正义原则，主张限制遗赠权及实行有条件的土地所有权。财产制度确认每个人通过自身劳动生产产品进而享有单独处置的权利，在这种制度之下，分配正义的标准就是人们付出平等的劳动就应获取平等的报酬。显而易见的是，不受限制的遗产继承权与无条件的土地所有权违背这一分配正义原则。关于遗赠权，约翰·穆勒认为相比于辛勤劳作的人而言，继承者获取了不该享有的优势，他的基本主张是“应该将通过继承前人积蓄而不劳而获的这种优势降低到与公平原则相一致的程度。[①]”对遗赠权进行限制却是非常重要的深层问题，它直接涉及所有权的限定范围，因此，约翰·穆勒对所有权反映所有者的个人权利予以肯定，承认遗赠权属于所有权的构成部分，它蕴含着个人意志的永久性、存续性，否认这种权利的所有权就是不完整的。维护私有制就意味着所有权的范围应延伸至此。然而，并非源于劳动所得的遗赠权不是受赠者绝对的权利，所有权作为达到目的的手段，并非目的本身，当作为手段的遗赠权造成的社会危害远甚于激励价值或以公益之名滥用权利时，遗赠权的实施就与人类的长远利益相冲突，因此有必要依据利害关系加以限制或变更。

严格意义上，有关财产权的分配正义的原则并不能直接适用于土地所有权，土地作为一种非劳动生产的物品，仅仅通过自然恩赐实现占有极不公正。然而，约翰·穆勒进一步指出，土地虽然不是劳动的产物，其所具有的大部分价值却源自人的劳动。可以说，土地的生产

① 穆勒. 政治经济学原理（上册）[M]. 金镝，金熠，译. 北京：华夏出版社，2009：174.

能力完全取决于劳动与生产技能，为了获取可观的收益，土地所有者才会付出劳动与费用。因此，约翰·穆勒认为，“土地劳动者同时也是土地改良者”才能确认土地所有权的正义性及有效性。也就是说，只有土地改良者进行改良以提高土地的生产能力，而不是单纯依靠土地本身坐享其成，他对土地的所有权才是有效的。假如占有者没有付出任何劳动或投入费用，他所获取的土地所有权就不成立。这也就意味着，基于努力获取报酬的分配正义原则对土地所有权同样适用。土地所有权不是无条件的，劳动与土地所有权密切相关，基于此，约翰·穆勒指明土地所有权并非人类创造，不具备资本主义内在蕴含着的“所有权的神圣含义”，现实中大多数的土地占有都与改良相分离，并不是所有的土地占有都具有合法性，必须以有条件的土地所有权取代无条件的占有，使其符合人们相关的正义观念，实质上，“所有制的原则赋予土地所有者的不是对于土地的权利，而是对于国家的基本政策可能对于他们的利益所造成的与土地相关的那部分损失要求获得补偿的权利。①”

第二，以“牺牲的公平”作为税收领域的分配正义原则，提出实行比例税制的主张。经济领域的分配既与收入财富状况密切相关，同时也涵盖税收这种强制性的支出。约翰·穆勒认为，税收公平作为政治事务中的一项准则，就要求政府同等地对待所有人或所有阶级，尽可能使人们承受相同程度的压力，将人们的牺牲降到最低限度。换句话说，税收公平是指每个人依据自己的能力对政府的支出做出贡献，个人承担的份额既是他作为公民应该担负的部分，也不致加重他人负担使他人蒙受损失，即所有人都为共同的利益做出贡献，而贡献

---

① 穆勒．政治经济学原理（上册）[M]．金镝，金熠，译．北京：华夏出版社，2009：188.

的标准就是自己付出一份感到的不便与他人的付出产生的不便是均衡的，它就意味着人们承担责任、做出牺牲的公平。约翰·穆勒所谓的“牺牲”不是单纯指财富的数量，而是“事物本身拥有的真正价值”，在他看来，这种真正的价值就是事物带来的“舒适感和快乐程度”，因此，税收就意味着牺牲了舒适，这种牺牲应当公平地分摊给所有人。

基于此，约翰·穆勒的基本主张是实行比例税制，即按照拥有财产的相同百分比纳税，他反对其他各种形式的有关税收的分配正义标准，约翰·穆勒首先对貌似公正实则不公正的“获得政府服务补偿”的标准提出反对，他认为这一税制以政府保护获取利益的程度来权衡税收比例，会导致弱势群体因最需政府保护而理应支付最大份额，这很显然背离分配正义的本意，“分配正义原本要纠正自然差异造就的不公平。[①]”这与不考虑个人的财产状况，采取同等数额的征税标准一样不公正，这些标准都使得“智力及体力孱弱之人”难以生存，丧失自由发展机会。此外，约翰·穆勒还反对普遍流行的、用于缓和财富不均等的累进税制，其理由在于这种注重整体均等的税收，实质上是以牺牲少数人的利益为代价实现起点的公平，采取这种措施既不利于生产率的提高，也无法实现社会福利的增加，而比例税制既使人们保持创造财富的积极性，又不会造就新的不平等。

第三，以“最低限度的生活保障”作为社会福利领域的分配正义原则，主张由政府规范贫困救济，使救助有效却又不致产生依赖。约翰·穆勒认为，关注社会贫困问题是分配正义的应有之义。国家对每个人的基本生活负有责任，对无生产能力或孤老病残等需要帮助的

① 穆勒．政治经济学原理（下册）［M］．金镝，金熠，译．北京：华夏出版社，2009：708.

人提供最低限度的生活需要，使每个社会成员不致处于极端贫困状态，是国家应予以确保的，它所保障的是最重要的人身安全。一般而言，除了“无端攻击或滥用暴力”行为对人身安全造成直接伤害之外，还有一种隐性的伤害，即“剥夺个人能够合理地指望得到的某种物质福利或社会福利。①”不能获得有效救济的贫困者不仅承受身体上的饥饿，更会因生存手段的缺乏而丧失自我发展的能力与机会。约翰·穆勒认为，解决贫困问题依赖于国家的贫困救济与个人的自我救助相结合。有效而适度的贫困救济，就是为了在法律上和事实上承认某种可以接受他人救助的绝对的权利，而又不使这种权利严重地影响劳工的勤劳的精神和审慎的自制能力。基于此，约翰·穆勒提出的救济标准就是提供适度的帮助，使贫困者保有劳动技能、节俭品质，具备自我救助的能力，努力通过合法手段实现自我救助。在具体政策上，救济制度，以“确保所有人免遭绝对贫困之苦”，又“使接受救济人的生活状况逊于自食其力人的生活状况。②”

本章小结

如上所述，约翰·穆勒既立足于阶级矛盾激化、社会思潮多元化的资本主义现实，寻求化解利益冲突、提升人类整体福利的有效途径，又试图构建出幸福生活的理想蓝图，他以广阔的理论视域，突破纯粹地强调经济增长与财富增加的经济检验标准，将之扩展到生活质

① 穆勒．功利主义［M］．徐大建，译．北京：商务印书馆，2014：75.

② 穆勒．政治经济学原理（下册）［M］．金镝，金熠，译．北京：华夏出版社，2009：855.

量提升和个性自由发展的综合性标准。从而他的经济学理论体系凸显对人的生存境遇的关怀以及对人类思想、行动法则的关注，正是在此意义上，可以说通过理论研究与生活实践、理想与现实的分析，约翰·穆勒以折中调和的方式实现了对斯密以经济学的话语达到人本主义目的的回归。

在对通常意义的经济学的界定进行批判性综合的基础上，约翰·穆勒强调对特定社会形态中财富生产与分配的人类思维规律进行研究是经济学的本质属性，它只关注经济行为体现出的共性特征，因而抽象化的人性规律适用于理论研究这一特定领域，作为对经济行为共同规律进行概括的“经济人”概念也仅仅具有方法论的意义。然而将经济学界定为描述性、解释性的道德科学，以高度抽象化的人性规律作为理论研究的前提假定，不可避免地产生理论与现实的断裂，为补救这一理论困境，约翰·穆勒试图以抽象“经济人”与现实人性的区分消弭单向度的人性假定的局限性。在他看来，这种抽象假定只限于经济理论研究，现实的人性具有多面性，人性的某一方面不能用于主宰人类生活的所有领域。

经济自由作为市场经济的价值原则，也是经济发展的重要驱动力。周期性经济危机暴露出的市场缺陷以及阶级矛盾的不断激化都使得不受干预的价值取向受到质疑，约翰·穆勒对以自然权利为基础的古典自由主义与以快乐主义为基础的工具性自由进行重新审视，明确地限定自由的必要边界即不伤害，并指明自由的本质就是“按自己的道路追求自己的好处”。出于对政府缺陷与市场缺陷的忧虑，约翰·穆勒提出政府适度干预思想，并将其视为实现自由的重要方式，而政府行使职能的依据就在于民众整体福利的提升，实质上，约翰·穆勒将政府职权范围从传统意义上的保障权利扩展到增进整体福利，更为关键的是，约翰·穆勒将行为自由延伸到社会层面，在他看来，自由的最终目标是通过“自由和境地的多样化”实现个性自由发展，即能够依凭各种能力自由地选择自己想要的生活方式进而使自我得到不断完善，因而其他各种形式的自由都是实现自我发展的工具，自我发展自身具有其内在价值，它既是人类福祉的必要构成部分，个人与社会进步的关键因素，也是人性的本质规定。

基于财富分配不平等的深刻反思以及协调利益矛盾的现实需求，约翰·穆勒关注分配原则的公正性。在他看来，正义作为一种道德价值，其内在蕴含着权利及平等的要求，对权利及平等诉求的满足最终要诉诸于功利原则，也就是有利于“最大多数人的最大幸福”。约翰·穆勒意识到绝对平等的难以企及与具体的平等标准的不固定，他设定分配正义的最高抽象标准为“平等善待”，并将其视为笼统的指导性原则，在其之下有着各种具体的分配正义原则，因而在如何实现分配正义这一问题上，他将探讨范围从经济体系转向财产制度、税收制度以及社会救济领域的政策建议。具体来讲，在财产制度上，他提出分配正义的标准就是付出平等的劳动就应获取平等的报酬，而遗赠权的实施有必要依据利害关系加以限制或变更；在税收领域，他主张以“牺牲的公平”作为分配正义原则，也就是将牺牲了的舒适公平地分摊给所有人，提倡实行比例税制；在社会福利领域，他认为应以“最低限度的生活保障”作为分配正义原则，主张由政府规范贫困救济，对贫困者提供适度的帮助而又不致使他们产生依赖。

第五章　古典经济学道德观演化的理论审视及现实价值

整体性地把握古典经济学道德观的演化，是要在其理论演化中寻找共性特征，同时也包含着对特定问题的不同理解。只有从“整体性”或“差异性”方面去审视古典经济学道德观的演化，才能对其背后的理论进路有着深刻的把握。基于古典经济学在如何实现个人行为逻辑、市场自由运行机制以及社会制度约制的统一与协调方面做出的理论探究，概述古典经济学的基本道德价值取向以及在社会维度上的差异性认知，也是对追寻其道德观演进的历程做出的理论回应。这样，对内涵丰富道德价值的经济理论进行综合性审视同时也是显示市场经济、制度环境与道德秩序有效衔接的可能性的过程。有鉴于此，立足于实现经济持续健康发展的需求分析具有道德意蕴的原初市场经济理论，它为我们进一步地完善和发展自由竞争的市场运行机制，建立稳定的经济秩序有重要的启示意义。

第一节　古典经济学道德观演化的理论审视

个人与社会、个人利益与社会利益的关系问题是古典经济学探寻实现经济繁荣与财富增加的立足点。但在怎样认识个人与社会的关系、如何处理利益冲突方面，古典经济学家却有着不同的看法。古典经济学家以个人为立足点来理解社会，个人主义成为他们建构经济学体系的价值指导原则，其中涵盖合理个人主义与完全个人主义两种类型，而且他们对“社会”的理解也存在很大的差异，由此形成个人与社会关系的不同认知，这种认知蕴含在他们有关利益协调、社会秩序的形成以及经济活动的价值取向、行为规范的理解之中，从而体现出古典经济学道德观演化的理论进路。

一、古典经济学道德观的社会维度

在进入经济社会以前，以霍布斯、洛克为代表的思想家们主要以“契约论”为依据思考社会与政府的起源，他们设想人类形成“社会契约”之前处于前社会形态的“自然状态”，在纯粹由自然法则统治的世界中，每个人都享有遵循自然法之下的绝对自由。然而在自然法学派的想象中，自然状态要么是混乱无序的战争状态，要么相对安全却有诸多不便，出于对秩序的渴望以及对公共安全提供基本保障的需求，人们必须超越自然状态，进入由国家、政府组织的政治社会，自然状态与政治社会之间的衔接依赖于人类基于理性能力部分地让渡自身的自由及自然权利，缔结社会契约，接受国家或政府的保护与统治。以人类的存在方式为划分的依据，如果将自然状态界定为“人仅仅作为人”的状态，那么政治社会就是“人作为国家的附属物”的政治状态，而真正意义上的社会尚不存在。那么如何理解真正意义的现代社会，法国社会学家涂尔干在《社会分工论》一书中做出了经典的阐释，他认为工业社会的分工犹如密集的巨网联结着社会，促使社会有机体有序运转，从而成为社会组织的基本原则。在他看来，“分工的作用并不局限于改变和完善现有的社会，更为关键的是它使社会成为可能，也就是说，没有这些功能，社会就不可能存在。[①]”分工的重要意义就在于它超出纯粹经济利益的限度，“构成社会和道德秩序本身”。因此，社会并不是由孤立的个人源于利益交换关系联结而成的，而是超越个人之上的组织结构。更进一步讲，就是不能将社会关系简单归结为交换关系，实质上交换是行为体之间的相互依赖关系的外在表现。总而言之，分工具有整合社会结构，维持社会秩序的功能。基于对经典的社会理论传统的坚持，英国社会学家斯温杰伍德就认为，以弗格森为代表的部分启蒙思想家逐渐认识到社会的整体性、结构性以及过程性，然而斯密的著作中包含的个人主义成分却更为鲜明。[②] 实际上，如果将他们的不同著作进行综合性解读，就会发现以斯密、约翰·穆勒为代表的古典经济学家绝非通常所认为的那样坚持完全的个人主义，因而我们既不能以霍布斯、洛克所谓的纯粹个人主义来解读，也绝不能简单地归于原子论式的个人主义，他们对社会及文明社会有着复杂的认知。

抽象形态的社会理论蕴含在斯密有关社会秩序的探求之中。从道德哲学层面来讲，斯密与同时代启蒙思想家批判性地摒弃以理性主义为基础的契约论的社会思考方式，运用一种经验主义的眼光赋予社会概念以新的意义，它不同于具有鲜明政治特征的国家、政府概念。也就是说，“社会是一个总体的和抽象的概念，指代伦理意义上的人类秩序。[③]” 斯

---

① 涂尔干．社会分工论［M］．渠东，译．北京：生活·读书·新知三联书店，2000：24.

② 斯温杰伍德．社会学思想简史［M］．陈玮，冯克利，译．北京：社会科学文献出版社，1988：18－24.

③ 康子兴．社会的自然史：亚当·斯密论文明社会的起源［J］．清华法学，2011(06)：52.

密预设“社会”的存在，他认为源于人们对社会效用的共识，社会作为人类的“自然状态”存在，社会的运行由无数个体合力推动，个体的相互作用构成社会大机器完美运转的零部件并成为实现人类秩序的手段，社会功能的有效发挥依赖于各个部件的彼此契合，各个零部件要符合精良的零部件要求，而正是机器的良好运转设定了所需零部件应达到的标准。同理，社会的有序运行也设定了生存于此环境中的个体的行为要求。实际上，斯密以行为体之间的互动理论构想出一般意义的社会，每个行为体和与之相关的他者之间的互动都构成社会理论的抽象形态。在彼此的相互交往中，形成对社会价值规范的认同，体现出个体的自然的社会性特征。由此，“社会”作为抽象性概念在斯密的道德哲学思想中占据重要地位，也显示出他对于社会秩序形成的新思考，这种秩序是历史自然演化的结果，而非人类智慧设计的产物。正是在这个意义上，客观存在的自然状态的“社会秩序”拥有自身的法则与规律被揭示出来，“社会”愈益成为人们理解道德、政治、经济等一切现象的依据，如唐纳德·温奇所说，“尽管18世纪思想中丢失了上帝，却发现社会。[①]”关于真实的社会何以可能，马克思提出了两种基本思路：一种是由内而外的思路，即“从人的概念、想象中的人、人的本质中能引申出人们的一切关系”[②]；另一种是由外而内的思路，即由外部经济关系推动形成社会的思路。前者从抽象性中概括出“人是社会关系的产物”，后者则从现实经济交往活动中推演出行为互动与协调形成社会秩序，这两种模式共同构成理解现实社会的依据。

① 温奇．亚当·斯密的政治学［M］．褚平，译．南京：凤凰出版传媒集团，2010：124－140.

② 马克思，恩格斯．马克思恩格斯文集（第1卷）［M］．北京：人民出版社，2009：553.

在经济学的意义上，斯密认为社会是由外部经济交换推动形成的，他以物质利益交换关系论述社会的生成，并由此论证经济交往的社会功用。从人类社会的发展阶段出发，斯密提出“历史四阶段论”，即将人类历史划分为狩猎、游牧、农业以及商业四个发展阶段，并指明社会的发展是自然生命的过程，而非人为的产物。弗格森曾道明这种自然的逻辑，自然产物的形成不是一蹴而就的，而是一个渐进的过程。在这个过程中，不仅单个人从幼婴时期进入成人阶段，人类社会也从野蛮状态步入文明阶段。[①] 实际上，在经济学的话语中，文明社会等同于商业社会，指的是“以物的依赖性为基础的人的独立性”的社会状态，在这种社会状态中，每个行为体都能够参与市场交换，正是因为频繁的市场交换引发了社会结构和社会组织的革命性变化。法国著名学者罗桑瓦隆就认为，在商业社会中，斯密用“市场观念取代了契约观念，从经济而非政治上理解社会，从而成为双重的革命者。于是，斯密以特殊的方式完成现代性运动。[②]”所谓的双重革命，指的是市场机制既运用于经济领域，同时也运用于社会领域。他没有将社会生活都归为经济生活，而是把经济看作商业社会的基石。由此，经济成为整合社会的手段，陌生人的相互交往由经济交换关系连接起来，社会纽带建立在彼此利益关联的基础上。从这个意义上来说，在商业社会中，道德、制度、市场三大基本要素共同作用于个体行为，在社会维度上实现有机统一，由此实现整体的“文明和改善”。

与这种明显具有自然主义特性的社会概念的理解不同，约翰·穆

① 弗格森．文明社会论［M］．林木椿，王绍祥，译．杭州：浙江大学出版社，2010：1.

② 罗桑瓦隆．乌托邦资本主义——市场观念史［M］．杨祖功，译．北京：中国科学文献出版社，2004：80.

勒提出一种反自然主义的社会理论，他认为，“把遵循自然这个概念引入伦理学的讨论中并不恰当。[①]”因为自然世界与人类世界都有不完美之处，客观世界充满着不幸与罪恶，因而遵循自然进程有可能是不道德的，会带来负面的社会后果。社会秩序的形成以及社会整体进步的实现不是事物自然运行的结果，而是对自然进程的不断修正与完善。可以看出，约翰·穆勒更多地从实体性的社会存在的层面强调社会改造以及外在的社会制约的意义与价值。因此，在经济学领域，穆勒对自然规律与社会规律进行明确区分，在他看来，遵循事物的自然进程的法则仅仅适用于经济生产领域，这一领域不受任何人为的调节与干预，而在社会分配等关涉整体利益的领域，社会政策的调节作用必不可少。

二、古典经济学的个人主义价值取向

从理论层面上讲，所谓价值取向，就是指行为体认识、评判事物采取的价值立场以及价值态度。在一定程度上，行为体秉持的基本价值取向决定其理论观点及核心思想的生成。因而，价值取向成为社会科学研究的重要构成元素。从这个意义上来看，古典经济学无疑倡导一种个人主义的价值取向，其分析的基本单位是单个行为体。经济学家诺尔曼·P. 巴利对古典时期的个人主义做出过评述，他认为，从一种科学的或者伦理的角度来看，理解社会现实问题使得从完全的个人主义价值取向出发成为必需。正是从人是一个自主的行为体，其行动乃是自由选择和目的产物这一概念出发，才构建出一种有关自由社

① 黄伟合. 英国近代自由主义研究——从洛克、边沁到密尔［M］. 北京：北京大学出版社，2005：33.

会的哲学。[1] 尽管笼统地将古典经济学归为纯粹的个人主义有失偏颇，整体主义或集体主义在个别经济学家的思想体系中发挥的作用仍然较大。然而，个人主义作为古典经济学的主导价值取向却是毋庸置疑的。

总体来讲，古典经济学的个人主义涵盖有限度的合理个人主义与完全个人主义两种类型。合理个人主义主要是对权利个人主义的批判性发展，以霍布斯、洛克为代表的权利个人主义思想家提倡一种与古代国家自由相区别的现代意义的自然权利，他们认为每个人都先天地拥有“生命权、自由权以及人身安全权利”，因而这些权利都是人之自然权利。古典经济学家斯密批判性地发展了自然权利思想，他将自然权利转化为受启蒙的自我利益，约翰·穆勒则无保留地拒斥自然权利概念，强调自然性或天然性以“人工条件的加工”为依据。事实上，个人主义作为古典经济学构筑市场机制的理论基石，反映资本主义兴盛时期生产关系的本质属性、经济活动的行为法则以及基本运行逻辑，体现出主体意识、权利意识凸显的基本特性。李嘉图在其高度抽象化的经济理论研究中坚持完全个人主义的立场，只有个人才是实体性的存在，社会则是由个人简单相加形成的“虚构体”。熊彼特在分析古典经济学时曾指出，“单个行为体自身也并非生活和战斗的真正意义的实体；它们仍然只是晾衣绳式样的工具性存在，用于悬挂与经济逻辑相关的命题。而且，伴随表达方式的日趋严谨，这种晾衣绳的特性比以往时期的著作中更加明显了。[2]” 这段表述揭示出古典经济学研究中的抽象行为主体与现实人的分离，经济分析中的人愈益成

---

① 巴利. 古典自由主义与自由至上主义［M］. 竺乾威，译. 上海：上海人民出版社，1999：4.

② 熊彼特. 经济分析史（第3卷）［M］. 朱泱，译. 北京：商务印书馆，1996：206.

为工具或手段，丧失其本质内涵。关于如何界定古典经济学的个人主义取向，正如哈耶克所言，以托克维尔的名言来理解其真谛再合适不过，18 世纪的苏格兰启蒙运动和法国大革命，犹如共同的源泉，进而生成两股支流：一股引导人们去追求自由的制度，另一股则引导人们去追求绝对的权力。[①] 后者是导致法国“恐怖与暴政”的“民主主义”假象，即绝对的权力带来绝对的专制；前者提及的就是古典经济学家坚持的真正意义个人主义，即由自由制度保障的个人权利。在古典经济中，必须从个人出发理解社会。这也就要求首先理解个人的属性；其次你才能理解他们的行为；最后才是理解由这些行为的结果所产生的社会。[②] 也就是说，个人作为经济活动的出发点，也是判断行为优劣好坏的基本单位，这一点构成个人主义价值取向的核心。

古典经济学的个人主义呈现出反理性主义特征。那么，如何界定经济学中的理性行为与反理性行为呢？诺贝尔经济学奖获得者阿马蒂亚·森认为，定义理性行为的方法主要有两种：第一种方法是把理性行为视为做选择时体现出的内部一致性；第二种方法则是把理性行为等同于自利最大化。就第一种方法而言，“纯粹内部一致性”概念的不可信以及“呆板的一致性”的无意义都使其无法成为有效工具；就第二种方法来说，这种外部一致性虽然成为主流经济学的核心观点，却存在极大的理论缺陷。“试图用理性要求来维护经济理论中的标准行为假设（实际的自利最大化）就如同领着一队骑兵去攻击一只颇足的驴。[③]”从这个意义上讲，不加区分地将理性行为等同于实

① 哈耶克. 个人主义与经济秩序［M］. 贾湛，译. 北京：北京经济学院出版社，1989：1.

② 魏小平. 马克思的劳动价值论及其同古典经济学的四个决裂——德国柏林工业与经济学院海里希教授访谈［J］. 马克思主义研究，2012（07）：15.

③ 森. 伦理学与经济学［M］. 王宇，王文玉，译. 北京：商务印书馆，2014：22.

际行为以及不加考证地将“自利最大化”视为理性行为的内容，都是对作为理论源头的古典经济学的理论假定的误读。实质上，无论是源于斯密对“脆弱而不完美的人性”的阐释，还是经验主义感觉论的基本方法，古典经济学对理性主义都持有一种不容乐观的态度。正如哈耶克在分析个人主义时指出，反理性主义的观点也许是英国个人主义最富特性的方面，它认为人并不具备高度理性和智慧，而不过是十分缺乏理性，又容易犯错误的生物。个人的错误只能在社会过程中得以修正，这一过程的目标在于最有效地利用非常不完全的材料。①

在构成内容上，个体之间的交往必然涉及彼此之间的相互理解。德国著名哲学家马克斯·舍勒认为实现将他人作为自我的把握是社会科学研究面临的基本问题，因此，“只有解决这个基本问题，才能为社会科学研究奠定哲学基础。②”这样一种表述同样适用于经济学研究，以交换作为人类经济活动的主要表现形式，必然要求经济主体之间的理解与信任，尽管古典经济学没有明确地提出这一问题，却在其经济话语中做出了回答，即市场交易的达成建立在满足对方需求的基础之上。由此可见，不同个体之间的交往是以对他人需求的理解为前提的，而每一个体作为自身利益的最佳判断者，只能对自身的偏好有清晰、完整的把握，对他人的利益需求只能借由“设想和易地而处”进行类推。然而，这种移情作用的发挥并不是自然均衡的，它往往依赖于社会交往范围大小以及交往频率的高低。因此，为消弭孤立的个人行为带来的理论困境，整体主义与个人主义的冲突贯穿于古典经济学发展历程的始终。

① 哈耶克. 个人主义与经济秩序［M］. 贾湛，译. 北京：北京经济学院出版社，1989：9.

② 舍勒. 舍勒选集（上）论他者的我［M］. 朱雁冰，译，上海：上海三联书店，1999：337－338.

三、古典经济学个人主义的道德分析

作为一种价值取向，个人主义崇尚自由的理念，通过平等的权利追求等具体形式赋予内在的文化意蕴以制度的证明，因而个人主义具有一定的道德价值。如 H. M. 罗伯逊所言，个人主义指在个体及其行为的心理倾向中寻找经济组织的价值基础，它确信依据个体的行为才能确立特定的经济组织遵循的原则，并且应当竭尽所能地让个人得到自由发展的一切机会，进而实现社会的进步。[①] 依据这一界定，经济个人主义实质上将经济世界还原到独立个体的层面，从个人的行为、意向、动机等方面解释各种经济现象，强调经济活动的基本构成要素、经济机制以及经济秩序都是个人在追求自我利益的过程中形成的。从个人主义的发展演变来看，它是资产阶级革命以及启蒙运动的产物，也是资本主义精神的一般体现，经济个人主义与资本主义市场经济相伴而生，为资本主义政治、经济制度的确立与发展做出重要贡献。对经济个人主义理解的差异性，以及理论与实践上的极端化使用、绝对化倾向，都使得其自产生始就遭到普遍的质疑，并引起广泛的争论。因而，对古典经济学的个人主义进行客观的评析，厘清其积极意义以及理论局限，对于正确地认识、理解其道德观的形成与演化无疑有着重要的意义。

具体来讲，经济个人主义的道德价值主要表现在：其一，对行为体自身而言，实现对其独立性及主体性地位的确认，使人的尊严与价值受到关注与珍视。一般意义而言，真正的个人主义必然包含着对自

① 罗伯逊．经济个人主义的产生诸方面［M］．剑桥，1933：34.

我的肯定、对自我利益的承认以及行为的自立自主，独立自主是人之为人的根本，独立自主的行为意识与德性的健全与完善之间有着密切的关联，只有具有能动性的个人实践才能培育道德良知、提升道德感知能力。在有关唯我主义思想的相关论述中，荷兰哲学家斯宾诺莎就谈到这一点，他认为，一个人愈能不断努力且通过努力寻求自我利益或保持自身的存在价值，则这个人就愈加具有德性；与之相反，当一个人轻视或忽略他自己的利益乃至忽略对自我存在的保持，则这个人便算作软弱无能，其德性也难以健全。① 在斯宾诺莎之后，关于人的幸福安乐问题也得到进一步探讨，启蒙思想家霍尔巴赫认为，每一个人，无时无刻都不能忽视自我的保存和安乐的获得，行为体应努力地为自己谋求幸福。② 由伦理学中的自主问题抽引出的道德理念为古典经济学对人的关注与尊重奠定理论基础，斯密提出自我利益包括物质与精神需求的双重意蕴，并将其作为文明社会的基本推动力；穆勒则更为关注人的真正利益的本质内容，他提出人的真正利益就是充分发挥自身的潜能，个性的自由发展以及享有自由的程度的扩展。这些显然都蕴含着人因其独特性而应当获得尊重的思考。其二，就社会关系而言，个人主义作为市场经济的主导精神，有助于平等交往、权利对等观念的定位与提升，每个行为体都是平等的“自我”行为体，每个“自我”行为体在人格、权利上都应获得平等的尊重与对待。托克维尔对此做出说明，他认为个人主义作为民主主义的必然产物，它随着人们身份上的平等地位的扩大而发展。③ 这就意味着，作为历史进步的象征性符号，个人主义对所谓的平等的权利、机会公平等资本

① 斯宾诺莎．伦理学［M］．贺麟，译．北京：商务印书馆，1958：171.

② 周辅成．西方伦理学名著选辑（下卷）［M］．北京：商务印书馆，1964：75.

③ 托克维尔．论美国的民主（下册）［M］．董果良，译．北京：商务印书馆，1988：626.

主义市场经济的内在要素进行明确的界定，个人的权利、主体价值在一定程度上受到平等的重视与维护。其三，强调行为体的权利与责任相统一，即个人拥有维护自我利益的权利，也就必须承担自我行为的相应后果。当然，这种行为同样地运用于经济领域，这既是对市场经济中个人权利的确认，也是对相应责任的强调，还意味着每个个体在经济活动中负担不伤害他人利益的责任。

第二节　古典经济学道德观的局限性

“任何一种经济理论体系，都是以一定的哲学思想为基础的，不管提出这种经济理论体系的经济学家是自觉的还是不自觉的，都是要按照某种哲学思想去思考和处理问题的。①”近代西方哲学研究不是为了单纯提供某种思维知识，其真正目的在于进行一种合乎道德哲学的生活范式的探讨，使从宗教或王权束缚下解放出的人们获得新的道德信仰。因而，道德问题就成为这一时期哲学思考的主要对象。17～18世纪的西方哲学顺应资产阶级革命及自然科学发展的时代需要，通过意识形态领域的反封建神学及经院哲学的斗争，建立一种经验主义感觉论，这一理论既是古典经济学的哲学基础，也是其道德理论的基本出发点。尽管经验论摆脱了传统唯理论与现实世界分离的纯逻辑关系困境，却陷入经验或感受到的“有限的现实世界”的狭隘视域。从而，它将资本主义制度视为具有永恒合理性的制度形式，极力为资本主义进行道德辩护。另外，古典经济学内蕴的利己主义本质属性也

① 吴易风．英国古典经济理论［M］．北京：商务印书馆，1988：27.

加剧个人与社会的分离，使得社会对个人的影响与塑造功能减弱，从而无法从整体性视野关注人的生活意义世界，导致意义世界的日渐剥离。

一、基于经验主义感觉论的有限道德认知

受休谟的经验论影响，斯密通过内在观察和经验描述，估测“难以企及的真理”。他以内在观察分析各种经济现象的内部联系，又通过经验描述出各种现象的联系。李嘉图摒弃斯密有关现象的描述，通过发展斯密的内在观察方法，进一步将复杂的经济现象抽象为简单构成部分。穆勒则将经济学定位为道德科学，因而他既延续斯密的经验论，又强调“道德科学逻辑”的推理特性，在他看来，经验不是用于预测规律性而是用于检验。因此，在经济学的理论分析中，他采取先验的演绎，而在具体运用中坚持经验主义的立场。综合来看，古典经济学的经验主义立场主要是一种直观式的，即以停留于表面的经验概念解释经验现象。因而，他们对于人类的认知局限于生活中有限的现象世界。

基于经验主义的立场，古典经济学为资本主义生产方式及特定阶级利益进行道德辩护，将资本主义制度视为符合自然规律的永恒的制度形态。作为经验主义的典型代表，斯密利用现象描述阐述他的主要经济思想，卢森贝认为：“他并不是简单地把事实记载下来，而且从某种一定的观点出发——从当时还是代表进步现象的经济自由主义的观点出发——来阐明了这些事实。[①]”卢森贝所谓的“进步现象”指

① 卢森贝．政治经济学史（第1卷）［M］．李侠公，译．北京：生活·读书·新知三联书店，1959：307.

的是与封建封闭的经济形式相对而言的自由竞争的资本主义生产方式，斯密以生动、直观的现象描述分工、交换带来生产效率的普遍提高，强调资本主义的历史进步性。斯密还将经验所示的人体健康自运行机能延伸到政治体的运行，这显然将蕴含自由价值的资本主义制度视为符合自然秩序的、能够实现自我修复的制度形式。古典经济学的激进主义者约翰·穆勒通常被视为深刻地把握了阶级矛盾、游离于资本主义与社会主义之间的代表，他主张通过小规模实验确立财产公有制能否实现，然而，他并不是要颠覆资本主义制度，而是以经验实用主义的立场反对激烈冒进地实践“理想蓝图”。古典经济学还直观地将特定历史阶段的资本主义经济规律视为永恒的规律。实际上，他们“所发现的经济规律是历史地规定的资本主义的经济规律。①”这种经验认知始终未能超出其所处历史时代及阶级立场的局限。

二、利己主义本质特性的狭隘视域

从资本主义的原始积累中脱胎而出的经济主体具有“功利、审慎、物质主义”等行为品性，经工场手工业向机器大工业的过渡，市场经济中行为主体的价值理念呈现出“物质至上”“个人至上”等极端化倾向，这些成为现代社会利己主义价值理念的思想源头。

立足于资本原始积累的完成，工业革命萌芽，市场经济取得相当程度发展的时代背景，斯密假定当时“社会的基本单位不再是群体、行会、部落或城邦，它们都逐渐让位于个人。②”与具有谨慎、勤劳

① 吴易风．英国古典政治经济学［M］．北京：商务印书馆，1988：61.

② 马克思．资本论（第一卷）［M］．郭大力，王亚南，译．上海：上海三联书店，2009：829.

道德品性的城市工业资产阶级、劳动阶级等中下层社会进步力量相比，资本家无限度地追逐利润，成为人格极端化的代表。伴随工业革命的完成，市场经济日渐成熟，一切物品成为可交易的对象，甚至连情感、同情心等精神产品也成为可交换的商品。英国经济学家埃奇沃思对经济学中最大化原理做出表述："'机械社会'终有一天将与'机械天堂'一起出现，分别攀上作为道德顶端的一个最大化原理的南北高峰。如同物质世界中一个微粒或张或弛的运动都不断地从属于累积能的一个最大总量一样，各个心灵的运动，无论因自私而分隔还是因同情而联系，也会不断地去实现最大的快乐，即天地万物间神圣的爱。[①]"显而易见，这里所谓的"实现最大化的快乐能"是把人类一切价值世界都归于一种后果式的图景，丰富的生活事态以及现存关系都被贫乏化、抽象化，其本质上是摒弃其他各种价值理念，以趋乐避苦为基本行为原则，凸显利己主义的本质特性，它产生的有害后果主要体现在个人与社会的日益分离以及生活意义世界的逐渐丧失。

利己主义的极端化导致个人与社会日益疏离，当社会中的公民均分成狭隘的、封闭的个体，那么人们几乎没有热情参与社会共同体的生活。从心理倾向上看，个人主义是一种只顾及自我利益并且将之视为理所应当，因而抱有心安理得的情感，这种情感以及由此引发的行为使得人们的关系日渐疏离，个体与其他同胞相隔离，与亲属和朋友感情疏远。[②] 这样，社会就会被虚幻化，而社会对于个人的影响及塑造功能也会减弱乃至消失。德国经济学家李斯特在对古典经济学的批

---

① 施蒂格勒．经济学家和说教者［M］．贝多广，译，上海：上海三联书店，1990：译序．

② 托克维尔．论美国的民主［M］．董果良，译．北京：商务印书馆，1988：625．

判中，也认为，“支离破碎的本位主义和个人主义，对于社会劳动的本质和特征以及力量联合在更大关系中的作用一概不顾。①”尽管他以民族国家为出发点，强调经济政策应立足于特定国家的历史文化背景，因而认为根本不存在适用于各个国家的普遍经济规律，这种主张会导致经济问题的研究只能局限在狭隘的民族国家范围，然而他对本位主义的普遍蔓延导致人与社会分离的认识却是正确的。从本质上讲，个人与社会之间是对立统一的关系，马克思曾做出精辟的概括，“人是一切社会关系的总和”。任何个人不可能独立存在，个人与社会之间有机统一。

以自我为中心、个人利益至上会导致意义世界的剥离，从而引发“只顾他们个人生活而失去广阔的视野。②”利己主义意味着自己有权利对自身的生活方式做出自我决定，自身去确立所应承担的责任与道德担当，外在秩序及传统价值的作用减弱，这也就是说如果制度约制无力或个人德性缺失，那么利己主义就犹如脱缰的野马，将自身的生活置于病态的自我关注之中，最终陷入内心的孤寂。约翰·穆勒通过自身遭遇的情感危机，指明“纯物质与感官的希望的满足以及情感的僵化会使人的生活丧失生机与活力，从而导致感受幸福的能力的缺失。只有那些不为自己谋幸福而把心力用其他目的上的人才是快乐的。③”实质上，约翰·穆勒的情感精神危机既是其所处时代的普遍精神反映，也是对物欲膨胀的人性危机做出的深刻反思，人与社会的分离、以自我为中心构筑的是一种相对狭隘的社会生活空间，会减弱

① 李斯特．政治经济学的国民体系［M］．陈万煦，译．北京：商务印书馆，1983：152.

② 泰勒．现代主义之隐患［M］．程炼，译．北京：中央编译出版社，2001：4.

③ 穆勒．约翰·穆勒自传［M］．郑晓，陈宝国，译．北京：华夏出版社，2007：98－104.

社会共同体对个体行为的重塑功能，也会导致整体性视野对自身生活世界的关照、对生活意义的追问的缺失。

第三节　古典经济学道德观的现实价值

市场经济体制在中国经过40多年的发展，已建立起基本的框架结构，在工业化与现代化的发展进程中，社会经济呈现出其独有的特征，即从不彻底的社会主义中央计划经济过渡到不彻底的市场经济形态；经济保持高速增长；市场经济冲击下传统道德价值体系走向崩溃，而新的价值观念、行为准则尚未确立。[①] 道德价值观念的缺失严重阻碍市场经济健康运行以及社会可持续发展。从辩证及历史的角度看，古典经济学道德观虽然针对资本主义生产方式确立及发展过程中的问题展开，但我们在社会主义初级阶段的改革实践中，市场经济所暴露出的诸多社会经济、道德问题，与资本主义市场经济兴盛时期所产生的问题，有较多相近之处。就此而言，古典经济学道德观能够对我国的社会主义市场经济建设提供有益启示。

一、自由市场经济与有效的国家干预相结合

正如卡尔·波兰尼在《大转型》中所称，20世纪出现的所谓“政治与经济的割裂”是对古典经济学的“经济嵌入社会”的背离，无论是创立者斯密，还是完成者约翰·穆勒都明确地指出这一时期的

① 汪丁丁. 市场经济与道德基础［M］. 上海：上海人民出版社，2007：6.

经济学是关于政治家或国家的科学，而这一思想也为福利经济学、制度经济学所秉承，他们都共同认为，经济本身应当被理解为人类之间相互依赖、相互影响的完整系统。按照最早创建市场经济的古典经济学的主张，市场经济是自由、自主的交换经济，而自由交换权利的实现必须依赖于可靠性国家权力的保障。市场经济本质上并不是机制、功能、体系等抽象性的概括，也不是自由交换行为本身，而是与所有权、自由竞争及契约关系等基本理念相关的一系列市场经济制度。国家权力的有效保障实质上就是由“伟大立法者”确立市场竞争秩序及竞争规则，以弥补市场自发秩序的缺陷，实现国家治理的有效性、合法性以及市场经济的有序发展。也就是要建立一个调控性的管理体制，它既可以限制市场的运作以保存一个社会的经济和道德结构，同时在不牺牲只有市场经济才能实现的效率和物质繁荣的前提下，确保充足的公共产品的供应。[①] 归纳起来，维护私有产权、实行自由竞争、履行契约是古典经济学市场经济制度与有效的国家干预的核心理念及基本的政策主张。

产权是市场经济的根基，有效地保护产权是市场经济健康运行的先决条件。如柯武刚所言：“产权并非只影响大企业或无个性的金融市场的抽象概念，而是关乎每个人的日常生活……产权对普通公民的生活机会至关重要。[②]”它对个人在社会生活中的经济地位起着决定性的作用，因而产权制度也就成为决定性的经济制度安排，它直接界定社会的利益关系格局。然而对于当前的中国而言，产权保护问题仍然是经济中面临的棘手问题，不同所有制的经济产权未能实现平等保

① 米德克罗夫特．市场的伦理［M］．王首贞，王巧贞，译．上海：复旦大学出版社，2012：2.

② 柯武刚，史漫飞．制度经济学——社会秩序与公共振策［M］．韩朝华，译．北京：商务印书馆，2002：210.

护、仍然存在公权力对私有产权或民营企业资产的侵犯、公有资产严重流失、知识产权侵权依然严重，这些都会破坏人民大众的财富安全感、毁掉人们对未来的良好预期，抑制财富创造的积极性，对经济发展造成负面影响。为此，国家通过顶层设计提出《关于完善产权保护制度依法实施保护产权的意见》（以下简称《意见》），在《意见》开篇就指出："有恒产者有恒心，经济主体财产权有效保障和实现是实现经济持续健康发展的基础。[①]"产权保护能够克服交易中的不确定性，降低社会成本，提高经济效率，而有效的产权制度则是化解利益冲突、实现社会和谐的前提。因此，构建有效的产权制度就成为完善社会主义的市场经济制度的关键。自改革开放以来，从家庭联产承包责任制、开放民营经济、国有经济公司制改革，到党的十九大报告提出的，建立"归属清晰、权能完整、流转顺畅、保护严格的农村集体产权制度。[②]"正是通过产权保护制度的不断完善，才能释放出经济繁荣与社会发展的巨大活力，而建构社会主义的产权制度就在于充分发挥市场经济体制作为"人的全面自由发展"的前提条件中的关键作用，借此消灭凭借财产占有权力奴役他人，从而为实现真正意义的"劳动者个人所有制"创造条件，最终达到每个人的"全面而自由的发展"。

契约关系是市场经济的本质特征，也是社会主义市场经济的转变方向。契约关系的确立是经济合作方式选择的必然结果，其重要意义不仅在于制约人们的经济行为，更重要的是它蕴含着自由、公平与合作等"契约精神"。在经济体系的健全完善过程中，尽管社会主义市

① 产权制度：夯实市场经济的基石［N］. 光明日报，2016-12-22（013）.

② 习近平. 决胜全面建成小康社会 夺取新时代中国特色社会主义伟大胜利——在中国共产党第十九次全国代表大会上的报告［EB/OL］. 新华网，2017-10-27.

场经济也同样追寻具有时代精神的契约原则，然而，与资本主义市场经济的契约制度化趋向截然不同的是，社会主义的市场经济呈现出由身份、亲缘等社会关系网络形成的“经济关系”向制度化的契约关系转变的特征，而“社会关系网络”的普遍存在以及“契约人”的机会主义倾向破坏“契约规则”的履行，只有建立起契约化、标准化的市场经济形态，才符合社会主义市场经济的发展要求。因此，要尽快建立并不断完善与制度化契约市场经济相符合的法律体系与监管体系，运用契约制度，通过国家强制力，保障契约的切实履行。如法哲学家科恩所言，由契约自由的社会环境所带来的令人振奋不已的经济增长足迹中，仍然能发现管制的强化——这种增长或者通过惯例以及标准化的程序得到实现，或者凭借直接立法达到增长的目的。① 这也就意味着，高效率的市场经济与强制性、规范性的契约制度密不可分。总之，实现自由市场经济与有效的国家干预相结合，不仅要切实保护不同类型产权，维护市场的自由竞争，还要培养与契约市场经济匹配的道德价值观念，实现市场经济的健康良性发展。

二、制度正义奠定市场健康运行的基础

从古典经济学创立到完整经济体系的发展与完善，其理论研究基本特征就是将资本主义制度、市场资源配置以及经济运行机制结合起来进行分析。针对利益冲突、市场失序、商业道德困境等经济问题，古典经济学强调制度正义的重要作用，归纳起来，古典经济学关于制

① 于立深．契约方法论［M］．北京：北京大学出版社，2007：126.

度正义的探讨分为两条路径：其一，从市场交换论及自然正义或正义的法律制度，强调规则公平；其二，从生产与再生产过程论及分配正义，将分配看作再生产的一个环节，强调制度对市场分配的调节功能，关注起点公平与个人责任。尽管古典经济学所关注的“规则公平”“起点平等”是概率或可能性等消极意义的，即不被禁止、不受剥夺的某项权利或拥有外部性的客观物质条件。然而，抛开具有历史局限性的概念狭隘界定，他们对于市场竞争规则、分配正义的关注就是对制度正义的重视。匈牙利经济史学家卡尔·波兰尼曾对制度的调节功能给予充分肯定，他认为，“政治学和经济制度化的隔绝，已被证实对社会财富的致命危险，它会近乎自动地以公正和安全为代价生产自由。[①]”从这个意义上讲，制度正义涉及人们借助法律制度或政治制度的合理设计及安排保障市场有序运行、增进分配的价值公平性。制度正义的重要意义不仅在于为市场自由交换提供保障，也在于对市场分配进行符合社会公认的公平概念的制度调节。

当前中国处于经济体制转变、社会结构调整、社会形态变迁的转型期，也是利益矛盾急剧分化、利益格局调整重构的关键时期，整体上看，社会主义的基本制度环境是公正的，但在一些具体的制度安排中也存在不公正方面，如不合理的资源占有、区域差异或条块分割引发的不公平竞争、体制机制原因形成的行政垄断；初次分配与再分配也存在不公正现象，劳动报酬在初次分配中所占比例偏低，贫富差距日益严重并且呈现代际传递趋势。这些说明我国市场竞争法则还有待完善，收入分配需要更为公平合理。因此，制度正义既是重要的理论问题，也直接影响着人民的现实利益分配关系。

① Polanyi, Karl. The Great Transformation [M]. Boston: Beacon Press, 1957: 27.

制度正义是维护公平竞争环境、调节收入分配、实现利益共享的基本途径，加强改革各项制度、完善制度建设为社会的公平正义提供根本保障。

公平竞争是制度正义的重要构成部分，建立公平竞争的制度保障体系实现对有限资源和利益竞争的规范调节，使竞争功能由形式公平转变到实质公平。如阿瑟·奥肯所言："听任市场自然存在的社会，其后果可能好也可能坏，这取决于社会其他方面的状况。[①]"在竞争不完备、社会制度不健全的环境中，放任市场自由发展，将会产生恶劣的社会后果，因此以正义制度约制不完备的市场竞争就极为必要。社会公平公正问题是政治、经济领域各种力量竞争博弈的结果。实现市场公平竞争，既要确保竞争起点公平，还要实现竞争过程公平。市场的自由竞争环境为竞争各方提供公开、公平的竞争机会，使竞争摆脱无序状态，市场参与者的行为就成为可产生预期、值得信任乃至理性的行为。由此，应当通过法律制度规范市场竞争过程，规避竞争不足或竞争过当导致的不公平竞争行为。我国经济转型的过程实际上就是引进并完善市场自由竞争机制的历程，经济体制改革初期，制定民商法则，目的在于确保市场竞争的规则公平，承认市场主体机会均等，然而却无法规制经济运行过程中的各种不公平的竞争行为，也就难以实现自由竞争结果的公正公平，因而仅仅达到一种形式公平的状态；以公共利益为社会本位的经济法的制定与实施，"超越了民法的界限"，兼顾各方的经济利益以及社会总体效率，在民商法秩序的基础上对社会资源、权利进行调节与再分配，用于规制市场运行过程中的各种不正当竞争行为，发挥着维护市场公平竞争的功能。伴随经济

① 奥肯．平等与效率——重大的抉择［M］．陈涛，译．北京：华夏出版社，2010：25.

体制改革的纵深化发展方向，加快完善市场自由竞争机制，就必须“清理废除妨碍统一市场和公平竞争的各种规定和做法。[①]”因此，只有构建市场公平竞争的健全法律制度体系，才能实现真正意义上的公平竞争。

分配正义是制度正义的核心内容，也是现代文明社会的应有之义。制度的正义性不仅要求消除经济不平等，也要实现经济增长带来的经济效益的共享。首先，通过正义的制度建设消除财富分配不合理的根源，避免形成垄断及公权力的滥用。其次，要扭转自改革开放以来收入差距持续拉大的趋势，使收入分配趋于公平合理，“形成合理有序的收入分配格局。……调节过高收入，清理规范隐性收入，取缔非法收入……逐步形成橄榄型分配格局。[②]”使人民群众的人均收入水平不断提高，而且应当有更小的收入差距。最后，实现利益共享，如政治哲学家柯恩认为的，社会主义的分配正义问题需要共享原则来调节，共享理念要求行为体之间相互关心并在必要条件下相互照顾，是减少不平等与共享的互惠的统一。[③] 唯有这样，才能最终实现社会主义的愿景。党的十九大报告中，对加强制度建设、保障和改善民生提出明确要求，“在发展中补齐民生短板、促进社会公平正义，……保证全体人民在共建共享发展中有更多的获得感，不断促进人的全面发展，全体人民共同富裕。[④]”

---

① 习近平．决胜全面建成小康社会 夺取新时代中国特色社会主义伟大胜利——在中国共产党第十九次全国代表大会上的报告［EB/OL］．新华网，2017－10－27．

② 中国共产党十八届三中全会公报发布［EB/OL］．新华网，2013－11－12．

③ 柯恩．为什么不要社会主义？［M］．段忠桥，译．北京：人民出版社，2011：75－77．

④ 习近平．决胜全面建成小康社会 夺取新时代中国特色社会主义伟大胜利——在中国共产党第十九次全国代表大会上的报告［EB/OL］．新华网，2017－10－27．

三、道德秩序对市场经济的保障作用

正统经济学以“科学主义”态度探索价格机制解决经济问题所发挥的重大作用时，往往把竞争性市场视为“道德自由领域”，忽略道德对维护市场秩序特有的理论内涵。① 他们将这一断定的理论源头追溯到斯密的市场经济思想。然而，全面看待斯密思想体系，不难发现，他对自由经济的分析不仅以正义的法律制度为前提，也以道德秩序为保障。埃文斯基认为，斯密将市民道德与自由人、自由市场以及自由社会联系起来进行研究，市民道德的培育、个体与社会之间动态的交互作用，这些都趋向公民道德的日益完备，从而为自由主义制度创造条件。② 继承斯密经济思想、实现思想史首次综合的约翰·穆勒同样强调道德在市场经济中的重要性，高层次的精神体验、丰富的道德情感以及不断的道德实践才能使人的“各种能力得到最高度最调和的发展”，道德素养的提升、个性的完善推动经济发展以及社会整体进步。综合来看，古典经济学综合性理论视域与包罗万象的思想体系源自对人类发展的理想社会形态的追索与探寻，对道德秩序形成与构建的研究始终围绕着商业社会的经济运行，这对于我国建立与市场经济相适应的道德秩序具有重要的现实意义。

市场经济健康运行需要社会道德力量的支持与个体的道德自律。道德他律与道德自律是道德实践的两个基本构成部分，也是进行社会控制、维护社会秩序的主要手段。随着我国经济体制的转型，社会结

① 杨春学. 经济人与社会秩序分析［M］. 上海：三联书店，1998：300.

② Evensky, Jerry. Adam Smith's Theory of Moral Sentiments: On Morals and Why They Matter to a Liberal Society of Free People and Free Markets［J］. Journal of Economic Perspectives, 2005（19）：109-130.

构走向多样化，意识形态领域日益复杂化，社会交往步入信息化，社会规范的约束作用逐渐减弱。传统计划经济中道德秩序的形成主要依赖于社会道德力量，即行为规范受政治权力高度参与的影响，政治原则与道德原则共同作用于人们的经济、社会生活；随着市场经济体制的建立，道德规范不再依附于政治力量，道德成为约束人类行为的独立领域，从而政治制度与道德规范各自发挥着社会控制的功能。伴随现代文明的进步，市场经济内蕴的对行为体人格健全、人文精神成熟的渴求得以凸显，它不但强调社会道德环境对个人道德行为的塑造作用，也更为关注对个体道德的培育。行为者的道德素养与市场竞争之间有着良性的互动关系，市场参与者的道德素养越高，自律能力就愈强，市场经济就能够处于良性的竞争态势，而且由道德自律形成的“良心效应或社会准则”会使行为体对自身行为进行审视，控制自身行为的外在不利影响。可以说，良好秩序的形成很大程度上取决于人们的道德水平以及社会整体的道德风尚，个人道德自律是社会秩序的基础与归宿，社会道德力量则是社会秩序的保障，只有将社会道德力量与个体道德自律结合起来，才能建立经济转型期的良好社会秩序。

市场经济需要的道德秩序不能够自然而然形成，而要经历从外在强制到内在自觉的过程。市场经济的自由竞争程度越高，就越发需要健全的市场经济制度以及相应较好的社会道德状况，失德行为才会受到排斥或抑制。因此，失德本身绝非市场经济的内在要求，投机取巧、商业欺诈等不道德行为恰恰是市场机制不健全、不完善的产物，维持良好的道德信誉才是企业家、商人市场经营之道，然而，对信誉的追逐并不是人际交往形成的自然信任，而是市场经济正常运行所要求的对经济交往对象行为能力的信任，它不是源自道德修养，而是市场竞争或外在制度规范约束的结果。培育与市场经济相符合的道德秩序，则要经历一个长期的历程，从与自然经济相匹配的以“忠义”为核心的道德秩序到与不完善的市场经济相匹配的“消极信任”，经济活动始终受不自由或不自觉的道德规范约束，真正意义的道德秩序尚未建立。市场经济运行需要的道德并不仅仅是经济意义上的，还应涵盖人们精神世界的丰富与完善。市场经济发展中形成的守时、诚信等道德规范与人自身内在的道德完善是相辅相成的，市场经济所要求的道德规范仅是道德领域的构成部分，也是推进整体意义上道德发展的阶段性的要求，它奠定人类道德不断完善的基础。通过丰富人类的个性发展、发挥首创性精神，实现个体的道德自律及人类整体的道德进步。如布坎南所强调的，与高效率的市场经济相匹配的“道德秩序”指的是相互作用的行为体彼此以对等的道德相待，其建立之基础则是普遍承认所有人的道德平等地位，相互尊重彼此之自由，相互信任，理解并遵守信任的行为准则，它并不要求个人之间一定要有共同目标。[①] 也就是说，道德秩序的形成依赖于行为体平等相待、权利共享以及对规则的共同遵守，即每个行为体平等地看待对方，个人享有权利的同时不侵犯他人的同等权利，认同并遵守约定俗成或基于相互信任建立起的行为规范。

本章小结

综观古典经济学道德观的演化历程，个人主义的道德价值取向贯穿于古典经济学理论演进的始终，从自主的个体出发来理解社会经济的运行逻辑是古典经济学理论研究的基本特征，也由此奠定西方经济

① 布坎南．自由市场和国家［M］．吴良健，译．北京：中国经济学院出版社，1988：111.

学研究的基础。其中个人主义的价值取向涵盖着合理个人主义与完全个人主义两种类型，前者强调对自我利益关注的同时，力图将个人利益追求限定在适度范围之内；后者则将个人利益最大化视为经济行为的基本依据，这两种类型在古典经济学家的思想中都有所反映，且古典经济学家对“社会”的理解也存在很大的差异，由此形成个人与社会的关系以及如何化解利益冲突的不同看法，这种认知蕴含在他们有关利益协调、社会秩序形成以及经济活动的价值取向、行为规范的理解之中，也体现出古典经济学道德观演化的理论进路。

具体来讲，斯密从道德哲学与经济学两个层面探讨社会的功用，在他看来，道德哲学层面的社会是抽象化和总体性的概念，指代伦理意义上的人类秩序，即通过行为体的互动作用构想出一般意义的社会，在社会交往中形成对价值规范的认同，进而社会秩序自身的法则与规律被揭示出来；经济学意义上的社会是由外部经济交换关系推动形成，经济活动成为整合社会的手段，基于此，道德、市场、制度共同作用于个体行为，从而实现整体的“文明和改善”。李嘉图将社会看作由个人简单相加形成的“虚构体”，由市场竞争调节的个体行为所能实现的经济效率最利于社会整体，从而确保市场自由秩序是实现个人利益与社会利益结合的最佳方式。约翰·穆勒则认为社会秩序是在对自然进程不断的修正与完善中形成的，他从实体性的社会层面强调社会改造以及制度调节的意义与价值。

建立在经验主义感觉论基础上的古典经济学道德观有其不可避免的局限性。这种经验主义感觉论虽然摆脱传统唯理论面临的与现实世界分离的逻辑困境，却也陷入经验到或感觉到的“有限现实世界”的狭隘视域，正是在这种有限认知的基础之上，古典经济学家将特定历史阶段的资本主义经济规律视为永恒的规律，在强调资本主义的历史进步性的同时，将资本主义制度视为能够实现自我修复、具有永恒的正当合理性的制度形态，这种经验认知始终未能超出所处历史时代及阶级立场的局限性。另外，功利主义的甚嚣尘上也会使得人类一切价值世界都归于后果式的图景，丰富的生活事态以及现存关系都被贫乏化、抽象化，利己主义本质特性凸显，这也会导致个人与社会的日益分离以及生活意义世界的逐渐丧失。

从辩证及历史的角度看，古典经济学道德观虽然针对资本主义生产方式的确立及发展过程中的问题而展开，然而在社会主义初级阶段的改革实践中，市场经济发展与完善过程中所暴露出的经济、道德问题与资本主义市场经济兴盛时期产生的问题，有诸多相似之处，古典经济学道德观能够对社会主义市场经济持续健康发展提供有益启示。按照古典经济学的主张，自由市场经济应当与有效的国家干预相结合，市场经济在本质上是与所有权、自由竞争与契约关系等基本理念相关的一系列市场经济制度的概括，政府的有限且有效干预就要求调控性的管理体制以确保市场经济的效率与物质繁荣为前提，以维护私有产权、实行自由竞争以及履行契约为核心理念，实现有效的国家干预。古典经济学通过分析交换正义的前提保障与分配正义的社会调节，强调制度正义的重要作用，制度正义不仅在于为市场自由交换提供保障，还在于对市场分配进行符合社会公认的公平概念的制度调节。而竞争性市场并非“道德的自由领域”，道德秩序的建构与市场经济的有序运行密切相关，良好秩序的形成很大程度上取决于人们的道德水平以及社会整体的道德风尚，市场经济的道德秩序并不能自然而然地形成，而要经历从外在强制到内在自觉的过程，正是在行为体能够平等相待、权利共享、规则共同遵守的基础之上，与市场经济相匹配的道德秩序才能建立起来。

参考文献

一、译著与中文著作

[1] 科斯洛夫斯基．资本主义的伦理学 [M]．王彤，译．北京：中国社会科学出版社，1996.

[2] 科斯洛夫斯基．伦理经济学原理 [M]．孙瑜，译．北京：中国社会科学出版社，1997.

[3] 柯武刚，史漫飞．制度经济学——社会秩序与公共政策 [M]．韩朝华，译．北京：商务印书馆，2000.

[4] 奥肯．平等与效率——重大的抉择 [M]．陈涛，译．北京：中国社会科学出版社，2013.

[5] 布坎南．伦理学、效率与市场 [M]．廖申白，谢大京，译．北京：中国社会科学出版社，1991.

[6] 克拉克．政治经济学——比较的视点（第 2 版） [M]．王询，译．北京：经济科学出版社，2001.

[7] 萨缪尔森，诺德豪斯．经济学（第十九版）[M]．萧琛，译．北京：商务印书馆，2011.

[8] 斯皮格尔．经济思想的成长 [M]．晏智杰，刘宇飞，王长青，等译．北京：中国社会科学出版社，1999.

[9] 乔治．经济伦理学 [M]．李布，译．北京：北京大学出版

社，2002.

[10] 布隆克．质疑自由市场经济［M］．林季红，译．南京：江苏人民出版，2000.

[11] 海尔布罗纳．几位著名经济思想家的生平、时代和思想［M］．蔡受百，马建堂，马君潞，译．北京：商务印书馆，1994.

[12] 诺奇克．无政府、国家和乌托邦［M］．姚大志，译．北京：中国社会科学出版社，2008.

[13] 斯蒂格勒．经济学家和说教者［M］．贝多广，刘沪生，郭治薇，译．北京：生活·读书·新知三联书店，1990.

[14] 普雷斯曼．五十位经济学家［M］．陈海燕，李倩，陈亮，译．南京：江苏人民出版社，2005.

[15] 布鲁，格兰特．经济思想史［M］．邸晓燕，译．北京：北京大学出版社，2008.

[16] 安德森．最伟大的思想家：密尔［M］．崔庆杰，陈会颖，译．北京：中华书局，2014.

[17] 霍兰德．大卫·李嘉图百年评价［M］．刘振东，译．北京：商务印书馆，1979.

[18] 菲次帕特里克．密尔的政治哲学［M］．万绍红，译．北京：人民出版社，2014.

[19] 罗尔斯．作为公平的正义——正义新论［M］．姚大志，译．北京：中国社会科学出版社，2011.

[20] 熊彼特．经济分析史（第1－2卷）［M］．杨敬年，译．北京：商务印书馆，1991.

[21] 堂目卓生．解读亚当·斯密之《道德情操论》与《国富论》［M］．杨玲，译．北京：求真出版社，2012.

[22] 森，威廉姆森．超越功利主义 [M]．梁捷，译．上海：复旦大学出版社，2011.

[23] 森．伦理学与经济学 [M]．王宇，王文玉，译．北京：商务印书馆，2008.

[24] 森．以自由看待发展 [M]．任赜，于真，译．北京：中国人民大学出版社，2013.

[25] 罗尔．经济思想史 [M]．陆元诚，译．北京：商务印书馆，1981.

[26] 斯拉法．李嘉图著作和通信集（第一卷）：政治经济学及赋税原理 [M]．郭大力，王亚南，译．北京：商务印书馆，1962.

[27] 李嘉图．经济学及赋税之原理 [M]．郭大力，王亚南，译．上海：上海三联书店，2014.

[28] 休谟．人性论 [M]．关之运，译．北京：商务印书馆，2016.

[29] 哈耶克．个人主义与经济秩序 [M]．邓正来，译．北京：三联书店，2003.

[30] 西季威克．伦理学方法 [M]．廖申白，译．北京：中国社会科学出版社，1993.

[31] 边沁．道德与立法原理导论 [M]．时殷弘，译．北京：商务印书馆，2000.

[32] 布劳格．凯恩斯以前的100位著名经济学家 [M]．冯炳昆，译．北京：商务印书馆，2008.

[33] 佩罗曼．资本主义的诞生：对古典政治经济学的一种诠释 [M]．裴达鹰，译．桂林：广西师范大学出版社，2001.

[34] 温奇．亚当·斯密的政治学 [M]．褚平，译．南京：译林出

版社，2010.

[35] 罗宾逊，伊特韦尔．现代经济学导论 [M]. 陈彪如，译．北京：商务印书馆，1982.

[36] 斯密．道德情操论 [M]. 谢宗林，译．北京：中央编译出版社，2011.

[37] 斯密．国富论（上下册） [M]. 郭大力，王亚南，译．南京：译林出版社，2011.

[38] 罗斯．亚当·斯密传 [M]. 张亚萍，译．杭州：浙江大学出版社，2013.

[39] 密尔．密尔自传：大师是这样培养出来的 [M]. 柏洋，译．南昌：江西教育出版社，2012.

[40] 雷．亚当·斯密传 [M]. 胡企林，陈应年，译．北京：商务印书馆，2014.

[41] 格雷，史密斯．密尔论自由 [M]. 樊凡，董存胜，译．长春：吉林人民出版社，2011.

[42] 米德克罗夫特．市场的伦理 [M]. 王首贞，王巧贞，译．上海：复旦大学出版社，2012.

[43] 穆勒．功利主义 [M]. 徐大建，译．北京：商务印书馆，2014.

[44] 穆勒．论政治经济学的若干未定问题 [M]. 张涵，译．北京：商务印书馆，2012.

[45] 穆勒．论自由 [M]. 许宝骙，译．北京：商务印书馆，2017.

[46] 穆勒．约翰·穆勒自传 [M]. 郑晓岚，陈宝国，译．北京：华夏出版社，2007.

[47] 穆勒. 政治经济学原理 [M]. 金镝, 金熠, 译. 北京: 华夏出版社, 2009.

[48] 陈岱孙. 从古典经济学派到马克思 [M]. 北京: 北京大学出版社, 1996.

[49] 陈其人. 李嘉图经济理论研究 [M]. 上海: 上海人民出版社, 2009.

[50] 黄伟合. 英国近代自由主义研究——从洛克、边沁到密尔 [M]. 北京: 北京大学出版社, 2005.

[51] 李非. 富与德: 亚当·斯密的无形之手——市场社会的架构 [M]. 天津: 天津人民出版社, 2001.

[52] 李宏图. 密尔《论自由》精读 [M]. 上海: 复旦大学出版社, 2009.

[53] 厉以宁. 超越市场与超越政府——论道德力量在经济中的作用 [M]. 北京: 经济科学出版社, 2010.

[54] 陆晓禾. 经济伦理学研究 [M]. 上海: 上海社会科学院出版社, 2010.

[55] 罗卫东. 情感 秩序 美德——亚当·斯密的伦理学世界 [M]. 北京: 中国人民大学出版社, 2006.

[56] 刘敬鲁. 经济哲学导论 [M]. 北京: 中国人民大学出版社, 2003.

[57] 马克思, 恩格斯. 马克思恩格斯选集 [M]. 北京: 人民出版社, 1995.

[58] 马克思. 资本论 [M]. 郭大力, 王亚南, 译. 上海: 上海三联书店, 2009.

[59] 聂文军. 亚当·斯密经济伦理思想研究 [M]. 北京: 中国

社会科学出版社，2004.

［60］乔洪武．正谊谋利——近代西方经济伦理思想研究［M］．北京：商务印书馆，2000.

［61］乔洪武．西方经济伦理思想研究［M］．北京：商务印书馆，2016.

［62］尚新力．论亚当·斯密［M］．北京：中央编译出版社，2012.

［63］宋希仁．西方伦理思想史［M］．北京：中国人民大学出版社，2010.

［64］唐正东．从斯密到马克思——经济哲学方法的历史性诠释［M］．南京：江苏人民出版社，2009.

［65］汪丁丁．新政治经济学讲义——在中国思索正义、效率与公共选择［M］．上海：上海人民出版社，2013.

［66］王莹，景枫．经济学家的道德追问：亚当·斯密伦理思想研究［M］．北京：人民出版社，2001.

［67］韦森．经济学与伦理学［M］．上海：上海人民出版社，2002.

［68］吴瑾菁．古典经济学派经济伦理思想研究［M］．北京：中国社会科学出版社，2015.

［69］吴忠．市场经济与现代伦理［M］．北京：人民出版社，2003.

［70］夏季森．旁观者的同情——亚当·斯密的伦理学思想研究［M］．上海：上海三联书店，2015.

［71］薛为昶．伦理学与经济学的离分与复归：斯密体系及斯密以来经济学伦理意蕴研究［M］．徐州：中国矿业大学出版社，2004.

[72] 晏智杰. 西方经济学说史教程 [M]. 北京: 北京大学出版社, 2013.

[73] 杨春学. 经济人与社会秩序分析 [M]. 上海: 上海三联书店, 1998.

[74] 姚开建. 经济学说史 [M]. 北京: 中国人民大学出版社, 2006.

[75] 张雄. 经济哲学: 从历史哲学向经济哲学的跨越 [M]. 昆明: 云南人民出版社, 2002.

[76] 张华夏. 道德哲学与经济系统分析 [M]. 北京: 人民出版社, 2010.

二、中文期刊

[77] 陈其人. "马克思误解了李嘉图"? ——评张五常的《马克思奄奄一息》[J]. 当代经济研究, 2005 (05): 3-8+73.

[78] 陈其人. 经济学家的科学精神与气度——李嘉图印象 [J]. 中国经济问题, 2010 (01): 76-80.

[79] 陈其人. 评李嘉图《政治经济学及赋税原理》中译本序言 [J]. 当代经济研究, 2010 (02): 17-21.

[80] 高力克. 商业时代的自由政治——论亚当·斯密的政治理论 [J]. 学术月刊, 2013, 45 (12): 10-17.

[81] 高全喜. 再读穆勒 [J]. 读书, 2011 (06): 42-49.

[82] 宫敬才, 黄云明. 比较视域中亚当·斯密的经济情操 [J]. 中国人民大学学报, 2014, 28 (04): 69-78.

[83] 宫敬才. 论经济哲学认识论中的两条路线 [J]. 河北经贸大学学报, 2013, 34 (01): 5-11.

[84] 龚群. 经济伦理关于"经济人"概念的再审视 [J]. 中国

人民大学学报，2001（06）：39－45.

［85］龚天平．经济价值与道德价值如何具有统一性？［J］．伦理学研究，2011（01）：96－100＋141.

［86］龚天平．论经济自由［J］．华中科技大学学报（社会科学版），2014（03）：25－31.

［87］桂起权．对穆勒经济学方法论传统的辩证解读［J］．上海财经大学学报，2008（03）：11－17＋25.

［88］何建华．论穆勒的经济正义思想［J］．上海师范大学学报（哲学社会科学版），2005（05）：27－32.

［89］胡怀国．亚当·斯密的思想渊源：一种被忽略的学术传统——兼论现代市场经济的内在逻辑［J］．经济学动态，2011（09）：110－120.

［90］黄万丁．亚当·斯密的三维社会制度系统思想［J］．云南社会科学，2016（06）：38－41.

［91］康子兴．革命时代的亚当·斯密［J］．读书，2016（10）：80－89.

［92］康子兴．商业与道德：亚当·斯密理论中的社会维度［J］．社会学研究，2015，30（04）：46－70＋243.

［93］康子兴．亚当·斯密论商业社会的“财富”与“正义”［J］．浙江社会科学，2014（04）：4－12＋109＋155.

［94］孔扬．如何理解“把人变成帽子”——以历史唯物主义作为新世界观再行考察古典经济学范式［J］．理论月刊，2015（05）：35－39.

［95］李宏图．18世纪苏格兰启蒙运动的“商业社会”理论——以亚当·斯密为中心的考察［J］．世界历史，2017（04）：4－17＋155.

[96] 李井奎．亚当·斯密与“看不见的手”——一场经济思想史的知识考古［J］．社会科学战线，2011（02）：44－52.

[97] 李月．试论斯密与穆勒政府观的关联、差异及原因［J］．社会科学战线，2008（12）：162－164.

[98] 梁敬东．斯密的三重自然观［J］．浙江大学学报（人文社会科学版），2011（05）：5－9.

[99] 梁小民．我们需要什么样的市场经济——评《拯救亚当·斯密》［J］．财经界，2004（02）：94.

[100] 刘可风．经济伦理冲突与经济伦理学困境［J］．道德与文明，2009（04）：19－21.

[101] 刘可风．略论经济正义［J］．马克思主义与现实，2002（04）：78－84.

[102] 刘明．理解正义中的“人性”——兼论罗尔斯对密尔的批评［J］．道德与文明，2012（04）：86－93.

[103] 刘琼豪．密尔由“实际欲望”到“值得欲望”论证模式的有效性分析［J］．广西师范大学学报，2013，49（05）：52－56.

[104] 刘钊．《巴黎笔记》时期青年马克思是如何看待李嘉图学说的？［J］．南京社会科学，2011（04）：52－56.

[105] 卢现祥．论制度的正义性［J］．江汉论坛，2009（08）：5－12.

[106] 卢现祥，易杏花．论制度分析中的“实际的人”及其演变［J］．改革与战略，2011，26（05）：47－55.

[107] 卢现祥，朱巧玲．再分配的制度分析［J］．华中科技大学学报（社会科学版），2010（05）：68－75.

[108] 罗良文，黄强．李嘉图逻辑抽象法及其对经济学方法论

的影响——兼论逻辑抽象法与历史描述法的结合［J］. 经济问题，2009（08）：4－6.

［109］罗卫东，陈春良. 探寻真实的亚当·斯密——罗卫东教授访谈［J］. 学术月刊，2008，40（10）：155－160.

［110］罗卫东，刘璐. 基于亚当·斯密“合宜性”理论的人类个体行为模型［J］. 社会科学战线，2016（07）：35－45.

［111］罗卫东，王长刚. 国家转型阶段经济学家的政治参与——以大卫·李嘉图为例［J］. 社会科学战线，2017（11）：36－46.

［112］罗卫东，张亚萍. 亚当·斯密道德理论的核心是什么？——The Theory of Moral Sentiments 题解［J］. 2016，46（02）：97－109.

［113］罗卫东. 理解亚当·斯密：伦理学的视角［J］. 学术月刊，2008，40（10）：78－85.

［114］罗卫东. 亚当·斯密的启蒙困境［J］. 读书，2010（12）：25－31.

［115］罗文波. 密尔平等思想探析［J］. 山东大学学报（哲学社会科学版），2000（02）：38－41.

［116］聂文军. 论亚当·斯密正义伦理的价值错位［J］. 伦理学研究，2011（02）：42－48.

［117］聂文军. 亚当·斯密与“亚当·斯密问题”［J］. 哲学动态，2007（06）：17－23.

［118］潘志强，陈银娥. 关于斯密与李嘉图劳动价值论的比较分析［J］. 经济评论，2006（01）.

［119］乔洪武. 探寻近代西方正义思想的原点——亚当·斯密正义观的真与谬［J］. 天津社会科学，2013（02）：78－84.

[120] 汤在新. 价值论的革命变革——从斯密、李嘉图到马克思 [J]. 经济评论，2005 (02)：3-8.

[121] 唐正东. 在马克思哲学的解读中忽略了李嘉图意味着什么——以卢卡奇对马克思哲学的解读为例 [J]. 哲学研究，2001 (05)：11-18+79.

[122] 田广兰. 自由与功利之间——密尔伦理思想的双重诉求 [J]. 道德与文明，2009 (01)：12-14.

[123] 王初根. 论李嘉图的功利主义经济伦理思想 [J]. 江西社会科学，2001 (05)：7-10+159.

[124] 王楠. 亚当·斯密的社会观：源于人性的自然秩序 [J]. 社会学研究，2006 (06)：25-44+243-244.

[125] 王曙光. 论经济学的道德中性与经济学家的道德关怀——亚当·斯密《道德情操论》和"斯密悖论" [J]. 学术月刊，2004 (11)：39-45.

[126] 王腾. 从"理性认识"到"意识呈现"：休谟道德哲学建构的情感逻辑 [J]. 西南大学学报 (社会科学版)，2015，41 (04)：15-23.

[127] 王喜文. 亚当·斯密的交换正义理论——基于《道德情操论》的探究 [J]. 兰州学刊，2012 (08)：26-30.

[128] 王莹，景枫. 也谈亚当·斯密的两种人性 [J]. 道德与文明，2001 (05)：27-30.

[129] 王莹. 论亚当·斯密的自然和谐思想 [J]. 道德与文明，2003 (03)：41-43.

[130] 王志林，郭广迪. 论西方经济学与庸俗经济学的关系——基于马克思《资本论》的相关论述 [J]. 江汉论坛，2010 (03)：

20 – 24.

[131] 威廉姆·H. 肖，庄忠正. 自由与功利主义——论约翰·穆勒的“自由原则”[J]. 学习与探索，2014 (02)：37 – 42.

[132] W. 斯坦福，李小科. 密尔百年研究概览 [J]. 世界哲学，2005 (04)：42 – 50.

[133] 吴大新. 市场边界、国家治理能力与社会秩序——对亚当·斯密经济自由思想的再解读 [J]. 经济学动态，2013 (12)：132 – 140.

[134] 吴红列. 亚当·斯密的《道德情操论》与自然法 [J]. 浙江社会科学，2013 (10)：36 – 40 + 52.

[135] 吴红列. 亚当·斯密的自然观——对《道德情操论》中的 nature 的解读 [J]. 浙江大学学报（人文科学版），2011，41 (05)：18 – 26.

[136] 吴亚玲. 论休谟的同情理论 [J]. 江西社会科学，2009 (08)：89 – 93.

[137] 项松林. 英国古典政治经济学视域中的市民社会与商业文明 [J]. 中南大学学报（社会科学版），2011，17 (04)：68 – 72.

[138] 徐则荣，丁冰. 亚当·斯密与马克思经济学理论体系的比较 [J]. 经济纵横，2012 (01)：21 – 25.

[139] 薛俊强. “个人”“群体”和“社会”和谐共生之社会整合视域的形成——论马克思对古典政治经济学的经济哲学批判 [J]. 前沿，2011 (07)：72 – 75.

[140] 严海，汪继平. 探寻财富与美德的平衡点——亚当·斯密问题的解析与启示 [J]. 中南民族大学学报（人文社会科学版），2015，35 (05)：98 – 101.

[141] 晏玉荣. 快乐的质与“自我完善论”——论“穆勒难题”的无解 [J]. 道德与文明, 2015 (02): 129-135.

[142] 晏智杰. 李嘉图学派的解体及其教训 [J]. 北京大学学报 (哲学社会科学版), 2000 (06): 14-22.

[143] 杨春学. 关于“无形之手”的经济学解释 [J]. 经济学动态, 2005 (02): 16-21.

[144] 杨天宇. 亚当·斯密著作在中国的传播 [J]. 经济学动态, 2003 (01): 26-28.

[145] 尹伯成. “综合”、“折中”与经济学的创新——以约·斯·穆勒、阿·马歇尔和保罗·萨缪尔森为例 [J]. 江海学刊, 2008 (05): 58-63+238.

[146] 余达淮. 马克思对古典经济学等经济伦理思想的批判与继承 [J]. 道德与文明, 2005 (02): 63-68.

[147] 余学锋. 不确定性条件下心理驱动行为的道德修正——从古典经济学到伦理经济学的演化 [J]. 东南学术, 2017 (06): 117-124.

[148] 张盾, 袁立国. 论马克思与古典政治经济学的理论渊源 [J]. 哲学研究, 2014 (03): 3-11+128.

[149] 张国清, 张翼飞. 亚当·斯密和文明社会的四个隐喻 [J]. 浙江大学学报 (人文社会科学版), 2012, 42 (05): 5-17.

[150] 张江伟. 市场经济的道德基础——斯密论商业社会对个人道德的要求 [J]. 道德与文明, 2017 (03): 124-132.

[151] 张江伟. 在唯我与无我之间——斯密以合宜性为中心的商业社会伦理学 [J]. 社会科学战线, 2015 (04): 52-63.

[152] 张开, 张晨. 马克思对斯密和李嘉图经济学方法论的批

判——基于《1861—1863 年经济学手稿》的思考 [J]. 河北师范大学学报（哲学社会科学版），2015，38（01）：132－137.

[153] 张全胜. 论马克思对资产阶级正义论的批判及其当代价值 [J]. 求实，2013（01）：12－16.

[154] 张文喜. 所有制与所有权正义：马克思与“亚当·斯密”问题 [J]. 哲学研究，2014（04）：11－18＋128.

[155] 张严，孔扬. “亚当·斯密问题”的哲学反思与时代意义 [J]. 社会科学战线，2015（03）：259－262.

[156] 张正萍. 自然自由体系下的政府职能：亚当·斯密的政府论及其当代意义 [J]. 浙江社会科学，2013（03）：22－28＋155.

[157] 朱汉民. 略论西方经济学伦理道德观的演变与承继 [J]. 武汉大学学报（社会科学版），2001（05）：603－609.

[158] 朱绍文. 亚当·斯密的《道德感情论》与所谓“斯密问题” [J]. 经济学动态，2010（07）：91－96.

三、英文类

[159] BARKER，CHRISTOPHER. The Political Philosophy of John Stuart Mill [M]. Glaremont Graduate University，2010.

[160] DALE，GARETH. Adam Smith Green Thumb and Malthus's Three Horsemen：Cautionary Tales from Classical Political Economy [J]. Journal of Economic Issues，2012.

[161] EVENSKY，JERRY. Adam Smith's Theory of Moral Sentiments：On Morals and Why They Matter to a Liberal Society of Free People and Free Markets [J]. Journal of Economic Perspectives，2005：109－130.

[162] FITZPATRICK，JOHN R. Reconciling Utility with Liberal Jus-

tice: John Stuart Mill's Minimalist Utilitarianism [M]. The University of Tennessee, Knoxville, 2001.

[163] FLEISCHACKER, SAMUEL. On Adam Smith's Wealth of Nations [M]. Princeton and Oxford: Princeton University Press, 2004.

[164] GIORGINI, GIOVANNI. Three Visions of Liberty: John Stuart Mill [J]. Isaiah Berlin, Quentin Skinner, Palgrave Macmillan, a division of Macmillan Publishers Limited, 2013: 207 -229.

[165] GRISWOLD, CHARLES. Adam Smith and the Virtues of Enlightenment [J]. Cambridge: Cambridge University Press, 1999: 204 -295.

[166] HANLEY R. Adam Smith and the Character of Virtue [M]. Cambridge: Cambridge University Press, 2009.

[167] HANSSON, SVEN OVE. Mill's Circle (s) of Liberty [M]. Social Theory and Practice, Vol. 41, 2015: 734 -749.

[168] HILL, LISA. Adam Smith on Thumos and Irrational Economic "Man" [J]. History of Economic Thought, 2012, 19 (1): 1 -22.

[169] JACKSON, MARK. Liberty and Economic Growth in Adam Smith's Possible World [J]. Constitutional Political Economy, 2005: 227 -284.

[170] KERN, WILLIAM S. Classical Economic Man: Was He Interested in Keeping up with the Joneses? [J]. Journal of the History of Economic Thought, 2012, 23 (3): 353 -368.

[171] KURZ, HEINZ. Adam Smith on Markets, Competition and Violations of Natural Liberty [J]. Cambridge Journal of Economics, 2016: 615 -638.

[172] LEDDY, NEVEN BRADY N. Adam Smith's Theory of Moral Sentiments in 1759, 1790, and 1976, [J]. Journal of Scottish Philosophy, 2017: 65 -73.

[173] LEVY, DAVID M., Peart, Sandra J. The Theory of Economic Policy in British Classical Political Economy: A Sympathetic Reading [J]. British Classical Political Economy, 2005: 120 -142.

[174] LUNDESTAD, ERIK. The Adam Smith Problem: A Reinterpretation [J]. The Journal of Scottish Philosophy, 2014: 181 -199.

[175] SCHABAS M. John Stuart Mill: Evolutionary Economics and Liberalism [J]. Springer Science Business Media New York, 2015: 97 -111.

[176] MARTIN, CHRISTOPHER S. Equity, Besides: Adam Smith and the Utility of Poverty [J]. Journal of the History of Economic Thought, 2015 (37): 559 -581.

[177] MARTINS, ORNELAS N. Sen, Sraffa and the Revival of Classical Political Economy [J]. Journal of Economic Methodology, 2002, 19 (2): 143 -157.

[178] MCRORIE, CHRISTINA. Adam Smith, Ethicist A Case for Reading Political Economy as Moral Anthropology [J]. Journal of Religious Ethics, 2015, 43 (4): 674 -696.

[179] PANAYOTIS M, Ourania K, JOHN M. Democritus's Economic Ideas in the Context of Classical Political Economy [J]. History of Economic Thought, 2011: 11 -18.

[180] NATHANSON, STEPHEN. John Stuart on Economic Justice and the Alleviation of Poverty [J]. Journal of Social Philosophy, 2012,

43 (2): 161 – 176.

[181] OPOCHER, ARRIGO. The Future of the Working Classes: A Comparison between J. S. Mill and A. Marshall [J]. European Journal of the History of Economic Thought, 2010 (17): 229 – 53.

[182] PAGANELLI, Pia M. The Adam Smith Problem in Reverse: Self – Interest in The Wealth of Nations and The Theory of Moral Sentiments [M]. History of Political Economy, 2008, 40 (2): 365 – 382.

[183] PORTA, LUIGI P. Lombard Enlightenment and Classical Political Economy [J]. History of Economic Thought, 2011: 521 – 550.

[184] RAPHAEL D D. The Impartial Spectator: Adam Smith's Moral Philosophy [M]. Clarendon Press: Oxford, 2007.

[185] ROTHSCHILD, EMMA. Values, Classical Political Economy and the Portuguese Empire [J]. Journal of Economic Methodology, 2012 (19): 109 – 19.

[186] RUDI, VERBURG. John Stuart Mill's Political Economy: Educational Means to Moral Progress [J]. Review of Social Economy, 2006, 64 (2): 225 – 246.

[187] SCHABAS, MARGARET. John Stuart Mill: evolutionary economics and liberalism [J]. Springer Science Business Media New York, 2015: 97 – 111.

[188] SMITH, CRAIG. Adam Smith's "Collateral" Inquiry: Fashion and Morality in The Theory of Moral Sentiments and The Wealth of Nations [J]. History of Political Economy, 2013: 505 – 522.

[189] SMITH, VERNON L. Adam Smith's Fair and Impartial Spectator: Fairness was about Fair – Play Rules for Society, a Pre – Condition

for Wealth Creation [J]. Journal of Business & Management, 2016: 115 - 124.

[190] SU, CHUN H. Is Social Justice for or against Liberty? The Philosophical Foundations of Mill and Hayek's Theory of Liberty [J]. Review of Austrian Economics, 2009 (22): 387 - 414.

[191] WINCH, DONALD. Review Essay: Politics and Political Economy After Smith [J]. Journal of The History of Economic Thought, 2011 (33): 119 - 130.

[192] WITZTUM, AMOS. Economic Sociology: The Recursive Economic System of J. S. Mill [J]. Journal of the History of Economic Thought, 2005 (27): 251 - 281.

[193] WRIGHT, EUGENE D. John Stuart Mill's Sanction Utilitarianism: A Philosophical and Historical Interpretation [D]. Texas A&M University, 2014.

[194] ZAKARAS, ALEX. A Liberal Pluralism: Isaiah Berlin and John Stuart Mill [J]. The Review of Politics, 2013: 69 - 96.